THÉORIE

DE LA

MUSIQUE

COMPRENANT

Les Principes de cet Art

depuis les premiers Éléments jusqu'à l'analyse de la mélodie

1er Partie du Solfège des Chanteurs,

PAR

C. KUHN

Nouvelle édition & revue par

H. Duvernoy.

Professeur au Conservatoire Impérial de Musique

PRIX: 12.f

PARIS, E. GÉRARD et Cie (Ancienne Maison Meissonnier)
Boulevart des Capucines, 12; et rue Scribe, 2. Maison du grand Hôtel.

1868

EXTRAIT

DU PROCÈS-VERBAL DE LA SÉANCE DU COMITÉ D'ENSEIGNEMENT DU CONSERVATOIRE NATIONAL DE MUSIQUE ET DE DÉCLAMATION,

du Jeudi 17 Avril 1851.

Le Comité d'enseignement, après avoir examiné avec soin la méthode de M. KUHN, intitulée: LE SOLFÈGE DES CHANTEURS, approuve les excellens développemens que l'auteur a introduits dans cette œuvre, qui doit servir aux progrès de l'enseignement élémentaire et préparer utilement aux études du chant.

En conséquence, le comité adopte et recommande l'emploi de ce Solfège dans les classes du Conservatoire, et adresse des félicitations à l'auteur sur le mérite de son ouvrage.

Ont signé, MM. les membres du Comité d'enseignement, présens à cette séance:

AUBER, président, Directeur du Conservatoire.

EDOUARD MONNAIS, Commissaire du Gouvernement,

F. HALÉVY, Ad. ADAM, AMBROISE THOMAS, BATTON, ZIMMERMAN.

Pour extrait conforme:

Le secrétaire du Conservatoire National de musique et de déclamation et du Comité

A. DE BEAUCHESNE.

C. M. 10782.   Paris: Duchesnin, rue de la fontaine Molière, 55.

CHER PROFESSEUR.

Nous avons lu avec beaucoup d'intérêt l'ouvrage que vous publiez sous le titre de: SOLFÈGE DES CHANTEURS OU MÉTHODE ANALYTIQUE DE MUSIQUE.

Ce travail consciencieux, qui reproduit d'une manière si claire, les excellens principes que nous avions tant de plaisir à vous entendre exposer dans vos leçons, complète dignement les services importans que vous avez déjà rendus à l'enseignement.

Nous avons l'assurance que MM. les professeurs, après avoir apprécié ce qui distingue votre méthode, s'empresseront de l'adopter et de la mettre en pratique. Basée sur l'analyse, elle est logique et naturelle, et doit conséquemment développer l'intelligence des élèves, en les préparant insensiblement au chant et à saisir les difficultés de la science musicale.

Nous sommes heureux, en vous disant l'impression que nous a faite la lecture de votre ouvrage, de pouvoir vous donner un faible témoignage de la reconnaissance que vous ont vouée vos anciens élèves pensionnaires du conservatoire; et nous vous serons infiniment obligés, si vous voulez bien le rendre public.

Daignez agréer, cher Monsieur Kuhn, nos sincères félicitations, et l'assurance de notre affectueux dévouement.

Les Pensionnaires du Conservatoire qui se sont succédé depuis 1822 jusqu'à 1848.

1822. THIAN — SERDA, Émile — LASSELANDES ROUX — JARDIN.
1823. ABADIE — MASSOL.
1825. GODEFROID — BLÈS — FLEURY — VENAUD GÉLIE — TERNAULT.
1826. DELSARTE — BENÉDIT — RICHELME
1827. COMPAN.
1828. JOURD'HEUIL — WARTEL — CANAPLE.
1829. DE RIVIS — REVIAL — TEISSAIRE.
1830. FORGUES — PAYEN — POURCET — COUDERC.
1831. SÉGUY — LINTERMANS — EIZET — DORÉX.
1832. LEMAIRE — MAFFRE — BERTON.
1833. L'ESPINASSE dit LUDOVIC — ALTAIRAC FLEURY — BREMOND.
1834. LEMONNIER — MARTIN — TESSIER — GALLOT MALLIOT.
1835. MENGIN — COURRIOT — JUNCA.
1836. DARLAY — LATOUR

1837. ROGER — KOENIG — CARLOT — DUBOSE
1838. GRARD — ESPINASSE dit ARTHUR — BOULO GODINHO — BOUSSELL — GENIN — TEYSSÈRE LAGET
1839. PLANQUE — DELCERVILLE — LAFACI BARDOU — SCHLOSSER.
1840. DE LA TOUCHE — GASSIER.
1841. GUIGNOT — GIRAUD — RODRIGUES MILLOT.
1842. OBIN — FORT — GRIGNON — MATHIEU
1843. BRÉMOND.
1844. JOURDAN — GÉNIBREL — BUSSINE — CONTI LEGRAND.
1845. GUEYMARD.
1846. BARBOT — BALANQUÉ — LACROIX — GARAUD' CARRÉ.
1847. ARMANDI — DE PASSIO — CARMAN.
1848. GUBES — CHAPUIS.

PRÉFACE.

En 1824, j'ai été chargé par M: Chérubini, Directeur du conservatoire, et MM. les membres du Comité, qui désiraient introduire quelque uniformité dans l'enseignement, de rédiger à cet effet un travail, que j'ai fait paraître sous le titre de: THÉORIE DE LA MUSIQUE, DEPUIS LES PREMIERS ÉLÉMENS JUSQU'À L'ANALYSE DE LA MÉLODIE. Cet ouvrage a servi jusqu'à présent dans les classes de solfège, et c'est d'après les principes qu'il renferme que sont interrogés les élèves dans les examens et les concours. Déjà trois éditions ont succédé à la première. J'étais occupé à en préparer une cinquième, lorsqu'il y a trois ans j'ai été forcé, pour cause de santé, de quitter le Conservatoire, après un professorat de trente ans. En me retirant dans ma famille, j'ai été sollicité par quelques uns de mes collègues et par un grand nombre de mes élèves, à publier la méthode que j'ai pratiquée si longtemps dans ma classe de solfège, et qui, sous certains rapports, diffère essentiellement de toutes les autres. J'ai cru qu'il ne m'était pas permis de rejeter un appel si bienveillant. C'est pourquoi, au lieu de donner simplement une nouvelle édition de mon premier ouvrage, je me suis décidé à en faire paraître un autre que j'intitule: SOLFÈGE DES CHANTEURS, AVEC ACCOMPAGNEMENT DE PIANO, OU MÉTHODE ANALYTIQUE DE MUSIQUE. Je le dédie naturellement aux élèves du Conservatoire. C'est un témoignage de mon affection pour les jeunes gens qui ont suivi mes leçons; et de mon dévouement à ce magnifique établissement, qui jouit d'une si grande renommée par les résultats qu'il produit, et par le nom de son honorable Directeur, l'illustre auteur de la Muette et de tant d'autres chefs-d'œuvre.

L'ouvrage est divisé en trois parties.

La première comprend la théorie, qui est adoptée par le conservatoire. J'ai cru devoir y apporter d'importantes modifications. Dans les loisirs que me laisse ma retraite, j'ai refondu mon travail; et j'ai l'espoir que le résultat de mes efforts ne sera pas sans quelque utilité. Cette théorie est la plus complète qui ait paru jusqu'à présent. Elle embrasse depuis les principes les plus élémentaires jusqu'à l'analyse de la mélodie. On comprendra facilement les motifs qui m'ont engagé à lui donner un pareil développement. Il est aussi nécessaire pour étudier la musique, de connaître les élémens qui constituent la mélodie, que de savoir, pour apprendre une langue, la fonction des mots qu'elle renferme. Si l'analyse est indispensable dans ce dernier cas, elle ne l'est pas moins dans le premier. Une longue expérience m'a prouvé que cette manière de procéder intéresse les élèves, qui aiment à se rendre compte de ce qu'ils font. Ce n'est plus mécaniquement qu'ils agissent; ils travaillent avec intelligence.

La seconde partie renferme, pour chaque espèce de mesures, des exercices rythmiques, dans lesquels j'ai essayé de réunir toutes les combinaisons qui peuvent se présenter; quelques observations sur le nom des notes, la respiration et des registres de la voix; des exercices gradués sur l'intonation. Ils sont suivis de formules mélodiques et de gammes figurées, qui sont analysées d'après les principes de la théorie, et qui forment pour ainsi dire un dictionnaire de tous les mots musicaux. Viennent après, des règles sur la ponctuation; des solféges faciles et progressifs sur les différens élémens du rythme; des leçons tirées d'ouvrages anciens et modernes, où l'on rencontre l'application de tout ce qu'on a vu; puis la série des gammes diatoniques et chromatiques dans les vingt-quatre tons majeurs et mineurs, suivant l'ordre indiqué par le cadran tonal, qui les précède. J'ai cherché à combiner les nombreux exercices renfermés dans cette partie, de manière à intéresser les élèves et à faire disparaître ce qu'il peut y avoir d'aride dans l'étude du solfége.

La troisième partie contient les ornemens mélodiques, traités en exercices, avec une nouvelle méthode pour les solfier; et des leçons variées que j'ai choisies dans différens auteurs, où ils sont fréquemment employés.

On voit, par l'énumération des objets qui entrent dans cet ouvrage, que je n'ai pas eu seulement l'intention d'ajouter un nouveau solfége à ceux que nous avons déjà. Il existe dans ce genre de véritables chefs-d'œuvre.

Je rappellerai par exemple ceux de M. Chérubini. Je pourrais encore citer d'autres noms; mais celui du grand maître se présente naturellement à mon souvenir. Ayant eu le bonheur de recevoir ses leçons pendant plusieurs années, je me sens pressé de rendre à sa mémoire, l'hommage de ma plus profonde vénération. J'ai voulu plutôt, en exposant les principes d'un enseignement fondé sur l'analyse, inspirer aux élèves le désir d'étudier sérieusement la musique. En suivant ma méthode, ils seront tout préparés à l'étude du chant. Ils n'auront plus qu'à adapter des paroles à la mélodie. Cette observation justifie suffisamment le titre que j'ai choisi: SOLFÈGE DES CHANTEURS.

Les leçons que j'ai empruntées à divers compositeurs, formeront comme les ouvrages littéraires qui renferment un choix des plus beaux morceaux de nos poëtes, un véritable cours de littérature musicale, qui donne encore une physionomie particulière à ce travail. Trop heureux si j'ai répondu convenablement à l'attente des personnes bienveillantes qui m'ont encouragé! Ce serait pour moi une bien douce satisfaction, si je pouvais contribuer en quelque chose aux progrès d'un art auquel j'ai consacré toute ma vie.

G. KUHN, Mars 1851.

PREMIÈRE PARTIE.

THÉORIE
DES ÉLÉMENS DE LA MUSIQUE.

CHAPITRE I.

DE LA MUSIQUE — DU SON — DES NOTES —
DE LA PORTÉE — DE LA GAMME.

DE LA MUSIQUE

1. Qu'est-ce que la musique?

— C'est l'art de combiner les sons d'une manière agréable à l'oreille.

2. Combien a-t-elle de parties?

— Deux: la *mélodie*, qui consiste à faire entendre les sons successivement; et l'*harmonie*, qui a pour objet d'en faire entendre plusieurs à la fois.

DU SON.

3. Qu'est-ce que le son?

— C'est le résultat des vibrations des corps sonores.

4. Quelle observation peut-on faire sur les vibrations d'un corps sonore, relativement au son qu'elles produisent?

— Plus le corps fait de vibrations, plus le son est *aigu*; moins il en fait, plus le son est *grave*.

5. Qu'est-ce qu'un son musical?

— C'est celui dont l'oreille peut apprécier le degré de gravité ou d'acuité, et auquel par conséquent on peut assigner un rang précis dans l'échelle musicale (73).

6. Comment peut-on produire les sons musicaux?

— Avec la voix ou avec des instrumens. C'est pourquoi la musique est *vocale* ou *instrumentale*.

7. Quelles sont les notions élémentaires de la musique?

— Ce sont celles qui ont pour objet l'*intonation*, la *durée* et l'*intensité* des sons.

8. Qu'est-ce que l'intonation?

— C'est l'art de faire les sons avec justesse.

9. Qu'est-ce que leur durée?

— C'est le temps pendant lequel on les prolonge.

10. Qu'est-ce que leur intensité?

— C'est la force plus ou moins grande qu'on leur donne.

11. Par quoi faut-il commencer l'étude de la musique?

— Par le *solfège*.

12. Qu'est-ce que le solfège? (*)

— C'est l'art de *solfier*, ou de chanter la musique en

(*) C'est aussi l'art de connaître et retenir les termes que l'on doit ... et les termes elles-mêmes.

nommant les notes, et en leur donnant l'intonation et la valeur qu'elles indiquent.

DES NOTES.

13. Qu'est-ce que les notes?

— Ce sont les caractères dont on se sert pour représenter les sons musicaux.

14. Chaque son est-il représenté par une figure particulière?

— Non: la figure de la note est toujours la même, quand elle n'a pour objet que d'indiquer l'intonation.

DE LA PORTÉE.

15. Comment peut-on représenter d'une manière précise les différens sons?

— On emploie cinq lignes horizontales parallèles qu'on nomme une *portée*. (*)

Exemple:

16. Quelle est la première ligne de la portée?

— Celle du bas.

1re ligne.

17. Où place-t-on les notes?

— Sur les lignes et dans les interlignes.

Notes sur les lignes.   Notes dans les interlignes.

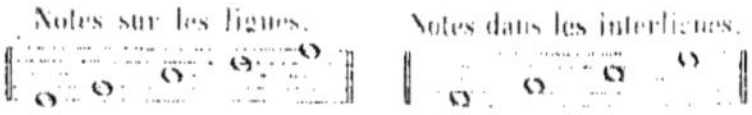

18. Comment peut-on représenter des sons plus graves ou plus aigus que ceux qui sont contenus dans la portée?

— Au moyen de petites lignes que l'on met au-dessus ou au-dessous de la portée, et que l'on appelle *lignes additionnelles* ou *supplémentaires*.

Lignes additionnelles au-dessus de la portée.

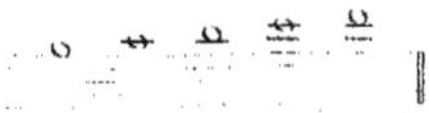

Lignes additionnelles au-dessous de la portée.

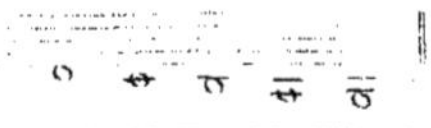

(*) Un bénédictin de Ferrare, Gui d'Arezzo, qui vivait dans la première moitié du XI siècle, inventa la manière d'écrire les notes sur des lignes horizontales.

19. Quelle observation peut-on faire sur les sons représentés au moyen de la portée?

— Les sons graves se placent dans le bas de la portée et les sons aigus dans le haut. C'est pourquoi les sons graves s'appellent aussi les *sons du bas*; et les sons aigus, *ceux du haut*.

20. Comment désigne-t-on les notes qui représentent les sons?

— Par sept monosyllabes, qui sont: UT ou DO, RÉ, MI, FA, SOL, LA, SI. (*)

21. Comment dit-on, lorsqu'on parle d'une suite de notes, sans leur donner leurs noms?

— On dit: le 1er, le 2e, le 3e, le 4e, le 5e, le 6e, le 7e, etc; degré.

22. Comment les notes peuvent-elles se succéder?

— Par degrés conjoints ou par degrés disjoints.

23. Dans quel cas se succèdent-elles par degrés conjoints?

— Lorsqu'on les a placées en séries, c'est-à-dire à la suite les unes des autres, en passant d'un degré quelconque au degré immédiatement supérieur, et réciproquement.

DE LA GAMME.

24. Comment appelle-t-on les séries que forment les notes placées ainsi par degrés conjoints?

— On les appelle *gammes*.

25. Qu'est-ce donc qu'une gamme?

— C'est une série de notes qui montent ou qui descendent par degrés conjoints.

26. Comment nomme-t-on la gamme qui va d'une note grave aux notes aiguës?

— *Gamme ascendante.*

27. Comment nomme-t-on la gamme qui va d'une note aiguë aux notes graves?

— *Gamme descendante.*

(*) Gui d'Arezzo trouva les noms de six notes dans cette hymne à St Jean Baptiste:

UT queant laxis REsonare fibris
MIra gestorum FAmuli tuorum
SOLve polluti LAbii reatum.

Ce ne fut que longtemps après qu'un nommé Lemaire ajouta le SI aux autres notes.

28. Dans quel cas les notes se succèdent-elles par degrés disjoints?

— Lorsqu'elles sont placées de manière à ce que l'on saute d'un degré à un autre quelconque, sans passer par les intermédiaires; c'est-à-dire encore, lorsqu'elles sont placées de manière à ne former ni une gamme ascendante, ni une gamme descendante.

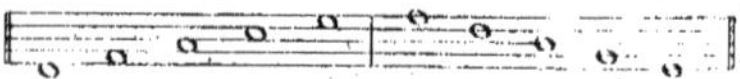

29. Pourquoi n'emploie-t-on que sept noms pour désigner les différentes notes?

— Parcequ'on donne le même nom à tous les sons en rapport d'octave.

30. Qu'est-ce qu'une octave?

— C'est le huitième degré de chaque note de la gamme.

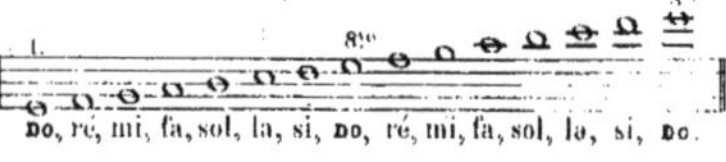

31. Pourquoi donne-t-on le même nom aux sons qui sont en rapport d'octave?

— Parceque les deux sons formant une octave juste, sont ceux qui ont le plus d'analogie après l'unisson.

32. Qu'est-ce que l'unisson?

— C'est le même son produit par plusieurs voix ou par plusieurs instrumens.

33. Dans quel cas y a-t-il unisson entre deux sons?

— Lorsqu'ils ont été produits ou répétés par le même nombre de vibrations.

34. Quelle observation peut-on faire sur l'octave?

— L'octave supérieure est toujours produite par un nombre de vibrations double de celui qui produit son inférieure.

CHAPITRE II.

VALEUR DES NOTES.

TRIOLETS.— NOTES POINTÉES.— SILENCES.

VALEUR DES NOTES.

35. Qu'est-ce que la valeur des notes?

— C'est la durée plus ou moins grande qu'on leur donne.

36. Comment l'indique-t-on?

— En donnant à chaque valeur une figure particulière (*)

(*) C'est Jean Desmeures de Paris, qui donna une figure pour chaque note, selon la valeur qu'elle représente.

37. Quelles sont ces figures et comment les appelle-t-on?
— On les appelle:

Maxime ou note carrée .... =

L... .... =

Ronde .... o

Blanche ....

Noire ....

Croche ....

Double-croche ....

Triple croche ....

etc. ....

38. Comment divise-t-on la valeur des notes?
— L'unité se divise en $\frac{1}{2}$, $\frac{1}{4}$, $\frac{1}{8}$, $\frac{1}{16}$, $\frac{1}{32}$, etc. C'est pourquoi l'on dit que la division des notes est *binaire*.

39. Qu'est-ce que la maxime?
— C'est l'unité dont on se servait anciennement. Elle n'est plus guère en usage dans la musique moderne.

40. Quelle note prend-on ordinairement pour unité?
— La ronde.

41. Quelle est la valeur de la maxime?
— Elle vaut deux brèves, ou quatre rondes.

la maxime .... vaut

2 brèves .... ou

4 rondes ....

42. Quelle est la valeur de la ronde?
— Elle vaut deux blanches, ou quatre noires, ou huit croches, ou seize doubles-croches, etc.

La ronde .... vaut

2 blanches .... ou

4 noires .... ou

8 croches .... ou

16 doubles-croches ....

43. Quelle est donc la valeur de chacune des subdivisions de la ronde?
— La blanche vaut deux noires, ou quatre croches, ou huit doubles-croches, etc.

La noire vaut deux croches, ou quatre doubles-croches, etc.

La croche vaut deux doubles-croches, etc.

TRIOLETS.

44. La division des notes est-elle toujours binaire?
— Non; elle peut être aussi *ternaire*.

45. Dans quel cas?
— Lorsqu'on emploie les *triolets*.

46. Qu'est-ce qu'un triolet?
— C'est un groupe de trois notes égales, qui divise l'unité en trois parties, au lieu de la diviser en deux.

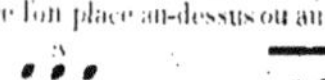 au lieu de

47. Comment indique-t-on les triolets?
— Par un 3 que l'on place au-dessus ou au-dessous du groupe.

48. Quelle en est la valeur relative?
— Un triolet vaut toujours deux notes binaires de la même espèce que celles qui forment le groupe. Ainsi:

Le triolet en *blanches* vaut une ronde, ou deux blanches binaires.

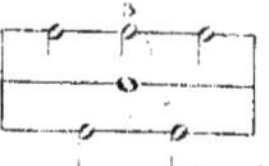

Le triolet en *noires* vaut une blanche, ou deux noires binaires.

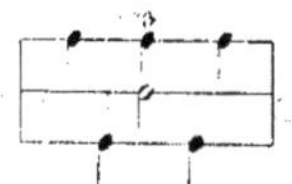

Le triolet en *croches* vaut une noire, ou deux croches binaires.

49. Quelles sont les notes qui peuvent se mettre en triolets?
— Toutes les subdivisions de l'unité.

50. Quel autre triolet peut-il encore y avoir?
— Le triolet *double*, qui est formé par la réunion en un même groupe de deux triolets simples.

51. Comment l'indique-t-on?
— En plaçant un 6 au-dessus ou au-dessous du groupe.

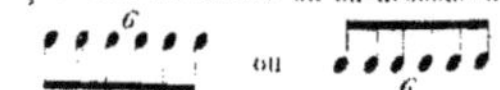

52. Quelle est la valeur relative des triolets doubles?
— Ils valent toujours quatre notes binaires de la même espèce que celles qui forment le groupe. Ainsi:

Le triolet double en *noires* vaut une ronde, ou quatre noires binaires;

Le triolet double en *croches* vaut une blanche, ou quatre croches binaires, etc.

4

53. Comment peut-on faire marcher ensemble la division binaire et la division ternaire?

— Les notes binaires doivent un peu céder aux autres.

3 et 2 ensemble
s'exécutent ainsi ....

3 et 4 vont difficilement
ensemble et sont peu usités...

54. Comment divise-t-on les triolets de différentes valeurs qui doivent marcher ensemble?

— On les divise par deux notes pour une.

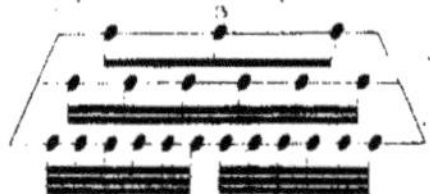

55. N'y a-t-il pas d'autres divisions que les précédentes?

— Oui; il y en a dont les groupes sont composés de cinq, de sept, de neuf, ou d'autres nombres pairs ou impairs, et sur lesquels on met le chiffre indicatif du nombre des notes. Ces groupes sont peu usités.

Groupes de 5, de 7,
et de 9 notes pour une.

NOTES POINTÉES.

56. A quoi sert le point?

— Placé après une note, il en augmente la durée de la moitié de sa valeur primitive. Ainsi:

La ronde pointée............ ...vaut
3 blanches ....

La blanche pointée.......... ...vaut
3 noires ....

La noire pointée ....vaut
3 croches ....etc

57. Ne place-t-on pas quelquefois plusieurs points après une note?

— Oui; il arrive qu'on en place deux et quelquefois trois.

58. Quelle est la valeur de ces différens points?

— Celui qui suit vaut toujours la moitié de celui qui précède. Ainsi

La blanche suivie de deux points ... vaut
3 noires et une croche...........

La blanche suivie de trois points ... vaut
3 noires, une croche et une double-croche...

SILENCES.

59. Qu'est-ce que les silences?

— Ce sont des signes qui indiquent l'interruption momentanée des sons.

60. Comment les nomme-t-on, quelle en est la forme et la valeur comparative?

— On les nomme:

1° *Le bâton de quatre pauses*, qui vaut une maxime. Il indique un silence de quatre mesures quelconques:

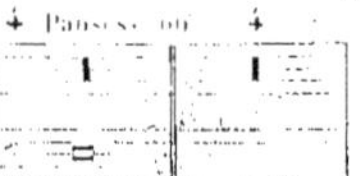

2° *Le bâton de deux pauses*, qui vaut une brève. Il indique un silence de deux mesures quelconques:

3° *La pause*, qui vaut une ronde. Elle indique un silence d'une mesure quelconque:

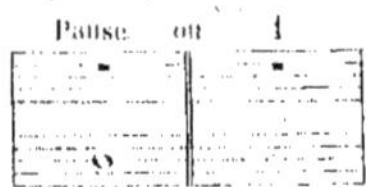

4° *La demi-pause*, qui vaut une blanche binaire ou ternaire:

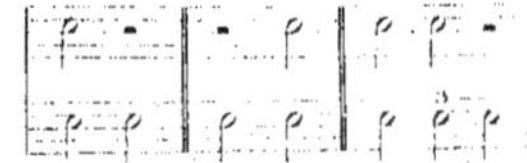

5° *Le soupir*, qui vaut une noire binaire ou ternaire:

6° *Le demi-soupir*, qui vaut une croche binaire ou ternaire:

7° *Le quart de soupir*, qui vaut une double-croche:

...etc

61. Comment indique-t-on un silence plus long que les précédents?

— Au moyen des trois premiers silences, ou simplement par une double barre inclinée que l'on met sur la portée avec un chiffre au-dessus indiquant le nombre des mesures de pauses

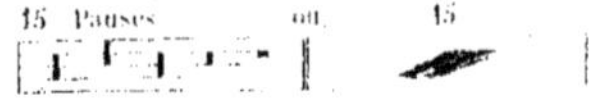

62. Ne met-on pas quelquefois des points après les silences?

— Oui, mais plus rarement qu'après les notes.

63. Quel effet produisent-ils?

— Le même qu'après les notes.

CHAPITRE III.

CLEFS. — ECHELLE MUSICALE.
DIVISION ET RAPPORT DES VOIX.

CLEFS.

64. Qu'est-ce qu'une clef?

— C'est un signe que l'on met sur les lignes de la portée, et qui donne son nom à la note placée sur la même ligne.

65. Combien y a-t-il d'espèces de clefs?

— Trois: la clef de sol (), la clef d'ut ou de do (), et la clef de fa ().

66. Sur quelle ligne place-t-on la clef de sol?

— Sur la seconde; et la note placée sur cette ligne se nomme *Sol*.

67. Sur quelles lignes place-t-on la clef de *Do?*

— Sur la première, la seconde, la troisième et la quatrième; et la note placée sur ces lignes, se nomme *Ut* ou *Do*.

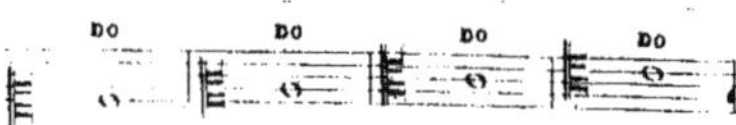

68. Sur quelles lignes place-t-on la clef de fa?

— Sur la troisième et la quatrième; et la note placée sur ces lignes, se nomme *Fa*.

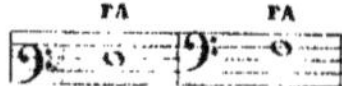

69. Quel est donc le nombre total des clefs?

— Il y en a sept: une clef de sol, quatre clefs de do, et deux clefs de fa; nombre égal à celui des notes, ce qui permet d'écrire les sept notes sur la même ligne.

70. Quel est le rapport des clefs entre elles?

— On peut le voir dans l'exemple suivant.

unissons:

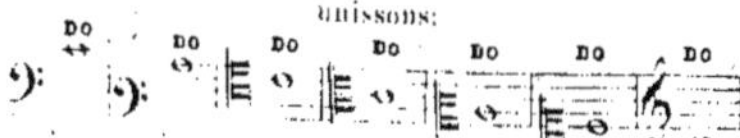

71. A quelle distance les clefs sont-elles l'une de l'autre, si on les prend dans l'ordre ci-dessus?

A trois degrés.

ECHELLE MUSICALE

72. Pourquoi a-t-on imaginé autant de clefs?

— Afin de pouvoir écrire dans la portée, la plus grande partie des sons de l'échelle musicale.

73. Ne pourrait-on pas écrire avec une seule clef tous les sons de l'échelle musicale?

— Oui; mais on serait obligé d'employer un grand nombre de lignes supplémentaires, ce qui rendrait très difficile la lecture de la musique.

74. Qu'est-ce que l'échelle musicale?

— C'est la réunion de tous les sons appréciables à l'oreille, accordés par demi-tons.

75. Qu'est-ce qui peut en donner une idée exacte?

— Le clavier d'un piano.

76. Comment divise-t-on l'échelle musicale?

— En trois sections: celle du grave, celle du medium, et celle de l'aigu.

77. Quelles clefs donne-t-on à ces différentes sections?

— Les deux clefs de fa à la section du grave; les clefs de do quatrième, troisième et seconde ligne, à la section du medium: la clef de do première ligne et la clef de sol, à la section de l'aigu.

DES VOIX.

78. Combien y a-t-il de voix pour les trois sections?

— Sept; et chacune d'elles a ordinairement une étendue de treize degrés.

79. Quelles sont ces voix, et sur quelles clefs les écrit-on?

— Ce sont:

1° Pour les voix d'hommes:

La basse taille ou *la basse*, qui s'écrit sur la clef de fa quatrième ligne.

Le bariton, sur la clef de fa troisième ligne.

Le tenor ou la *taille*, sur la clef de do quatrième ligne.

Le premier tenor, ou la *haute contre*, sur la clef de do troisième ligne.

2° Pour les voix de femmes ou d'enfants:

Le contralto, qui s'écrit aussi sur la clef de do troisième ligne.

Le demi-contralto ou *le second dessus*, qui s'écrit sur la clef de do seconde ligne.

Le soprano ou *le premier dessus*, qui s'écrit sur la clef de do première ligne, ou sur la clef de sol

80. Quel est le rapport de ces voix?

— On peut le voir dans le tableau suivant:

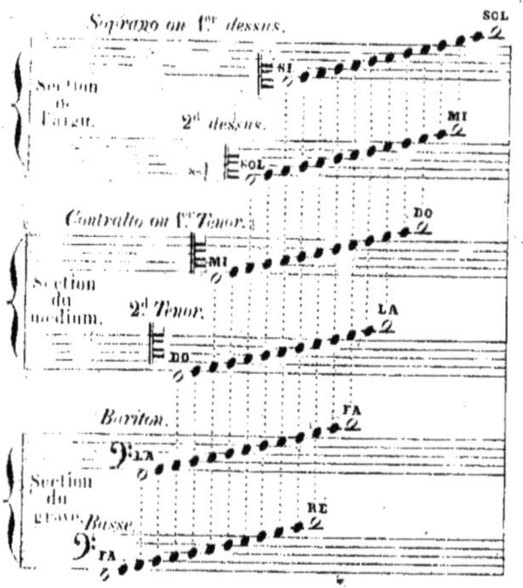

81. Que peut-on remarquer sur ce tableau?

— On voit:

1.° Que du son le plus grave de la basse au son le plus aigu du soprano, il y a vingt trois degrés, c'est-à-dire trois octaves et un degré.

2.° Que les différentes voix sont à trois degrés l'une de l'autre, si on les prend dans l'ordre ci-dessus.

82. Combien y a-t-il de voix pour chaque section?

— La section du grave a deux voix d'hommes: la basse et le bariton.

— Celle du medium a deux voix d'hommes: le ténor et le premier ténor; et une voix de femmes: le contralto.

— Celle de l'aigu a deux voix de femmes: le demi-contralto et le soprano.

83. Quelles clefs les hommes chantent-ils à l'unisson?

— Les clefs de fa, et les clefs de do quatrième et troisième ligne. Ils chantent les trois autres à une octave plus bas.

84. Quelles clefs les femmes chantent-elles à l'unisson?

— La clef de sol, et les clefs de do première, seconde et troisième ligne. Elles chantent les trois autres à une octave plus haut.

La clef d'ut 1.re ligne et celle de fa 3.e ne sont plus en usage; on peut transposer. On écrit à présent en clef d'ut 1.re... les deux... ut 3.e et ut 4.e les deux ténors et en clef de fa 4.e ligne les deux...

CHAPITRE II.

TONS ET DEMI-TONS. — ALTÉRATIONS. — NOTES SYNONYMES. GAMMES DIATONIQUES ET CHROMATIQUES.

TONS ET DEMI-TONS.

85. Qu'est-ce qu'un ton?

— C'est le plus grand intervalle qui se trouve entre deux degrés conjoints d'une série formant une gamme.

86. Comment divise-t-on cet intervalle?

— En neuf parties qu'on appelle comas; ou en deux demi-tons, composés, l'un de quatre comas, et l'autre de cinq.

87. Comment s'appellent ces deux demi-tons?

— Celui de quatre comas s'appelle demi-ton diatonique; et celui de cinq, demi-ton chromatique.

88. Comment les reconnaît-on?

— Le demi-ton diatonique se forme avec deux notes de noms différens; tandis que le demi-ton chromatique se forme avec la même note qui reçoit alors une altération.

ALTÉRATIONS.

89. Qu'est-ce qu'un signe d'altération?

— C'est un signe qui indique qu'il faut changer l'intonation des notes devant les quelles il est placé.

90. Combien y en a-t-il?

— Deux principaux: le dièze (♯) et le bémol (♭).

91. Qu'indiquent-ils?

— Le dièze indique qu'il faut hausser d'un demi-ton chromatique, la note devant la quelle il est placé; et le bémol indique qu'il faut la baisser d'un demi ton chromatique.

92. Quels autres signes d'altération y a-t-il encore?

— Le double dièze (𝄪) et le double bémol (♭♭) qui haussent ou baissent la note de deux demi tons, chromatiques, c'est-à-dire de dix comas.

93. Dans quel cas les emploie-t-on?

— Quand il faut encore hausser ou baisser d'un demi ton chromatique, une note déjà altérée

94. Les signes d'altération n'ont-ils d'effet que sur les notes devant lesquelles ils sont immédiatement placés?

— Leur effet s'étend à toutes les notes de même nom qui se trouvent dans la même mesure. (237).

95. Qu'est-ce que le bécarre?

— C'est un signe (♮) qui indique qu'il faut remettre dans son état naturel, la note précédemment altérée par un dièze ou par un bémol.

96. Le bécarre n'a-t-il d'effet que sur la note devant laquelle il est placé?

— L'effet du bécarre s'étend aussi à toutes les notes de même nom qui se trouvent dans la même mesure.

97. Qu'appelle-t-on notes naturelles?

— Celles qui ne sont altérées ni par un dièze ni par un bémol.

98. Comment se prennent-elles au piano?

— Sur les grandes touches.

99. Qu'appelle-t-on notes altérées?

— Celles qui ont subi l'altération d'un dièze ou d'un bémol.

100. Comment se prennent-elles au piano?

— Sur les petites touches.

101. Quelles sont cependant les notes altérées qui ne se prennent pas sur les petites touches du piano?

— *Mi* ♯, qui se prend comme fa naturel; *si* ♯, comme do naturel; *fa* ♭, comme mi naturel; et *do* ♭, comme si naturel.

102. Formez la figure d'une octave sur le clavier d'un piano?

— On obtient:

Notes altérées :

Notes naturelles.

103. Quelle observation peut-on faire à l'inspection de cette figure?

— On voit qu'entre toutes les grandes touches du piano, il y en a une petite; si ce n'est entre la troisième et la quatrième, et entre la septième et la huitième.

104. Quelle conséquence peut-on tirer de cette observation?

— C'est que dans une gamme d'une octave, qui renferme treize sons, il n'y a qu'un demi-ton diatonique entre le troisième et le quatrième degré de même qu'entre le septième et le huitième; tandis qu'il y a un ton entier entre tous les autres.

NOTES SYNONYMES.

105. Qu'appelle-t-on notes synonymes?

— On appelle ainsi les notes de noms différens que l'on prend sur la même touche du piano, quoi qu'il y ait entre elles la différence d'un coma.

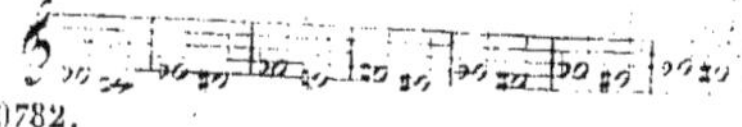

GAMMES DIATONIQUES ET CHROMATIQUES.

106. Combien y a-t-il d'espèces de gammes?

— Deux: la *gamme diatonique* et la *gamme chromatique*.

107. Qu'est-ce que la gamme diatonique?

— C'est celle qui monte ou qui descend par degrés conjoints, procédant par tons et par demi-tons diatoniques.

Gamme diatonique ascendante.

Gamme diatonique descendante.

108. Qu'est-ce que la gamme chromatique?

— C'est celle qui monte ou qui descend par demi-tons diatoniques ou chromatiques.

Gamme chromatique ascendante.

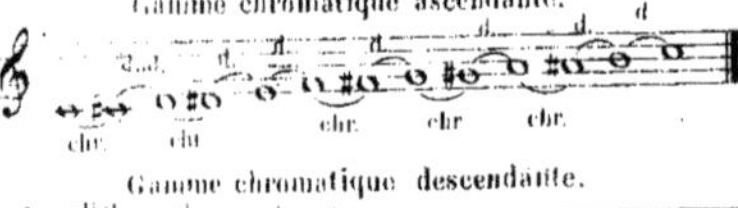

Gamme chromatique descendante.

109. Comment se partagent les demi-tons dans une gamme chromatique?

— Il y a, soit en montant, soit en descendant, sept demi-tons diatoniques et cinq demi-tons chromatiques.

110. Pourquoi y a-t-il sept demi-tons diatoniques?

— Parceque dans une gamme chromatique, d'une octave, qui doit renfermer toutes les diatoniques du ton dans lequel on est (116 et 165), il y a huit degrés différens; ce qui donne, en passant d'un degré à un autre, sept demi-tons diatoniques.

111. Pourquoi y a-t-il cinq demi-tons chromatiques?

— Parceque les demi-tons chromatiques ne peuvent se rencontrer qu'entre les degrés qui sont à une distance d'un ton. Or, comme il n'y a que cinq tons entiers dans une gamme d'une octave (104), il ne peut y avoir non plus que cinq demi-tons chromatiques.

112. Pourquoi, dans l'exemple ci dessus, emploie-t-on les dièzes pour former la gamme chromatique ascendante?

— Parceque la note dièzée étant toujours de même nom que la précédente, forme un demi-ton chromatique composé de cinq comas (88); ce qui la rapproche davantage de la note immédiatement supérieure, dont elle n'est plus éloignée que de quatre comas. Par conséquent elle tend à monter.

113. Pourquoi emploie-t-on les bémols, pour former la gamme chromatique descendante?

— Parceque la note bémolisée étant toujours de même nom que la précédente, forme aussi un demi ton chromatique; ce qui la rapproche davantage de la note immédiatement inférieure. Par conséquent elle tend à descendre.

CHAPITRE V.

DES INTERVALLES
RENVERSEMENT.— MODIFICATIONS— COMPOSITION

DES INTERVALLES.

114. Qu'est-ce qu'un intervalle?

— C'est la distance qu'il y a d'une note à une autre quelconque.

115. D'où les intervalles tirent-ils leurs noms?

— Du nombre de degrés diatoniques dont ils sont composés.

116. Qu'appelle-t-on degrés diatoniques? (*)

— Ceux qui entrent nécessairement dans la formation de la même gamme diatonique.

117. Quels sont les intervalles?

— Ce sont: la seconde, la tierce, la quarte, la quinte, la sixte, la septième, l'octave, la neuvième, la dixième, etc:

<table>
<tr><td>Seconde.</td><td>Tierce.</td><td>Quarte.</td><td>Quinte.</td><td>Sixte.</td><td>Septième.</td><td>Octave.</td><td>Neuvième.</td><td>Dixième.</td><td></td></tr>
</table>

etc.

118. Comment divise-t-on les intervalles?

— En intervalles simples, et en intervalles composés.

119. Quels sont les intervalles simples?

— Ce sont ceux qui sont renfermés dans une octave.

120. Quels sont les intervalles composés?

— Ce sont ceux qui excèdent une octave, et qui sont la réplique des intervalles simples. Ils peuvent être doubles, triples, quadruples, etc: selon le nombre d'octaves dont ils sont composés.

(*) C'est pour une raison d'harmonie que l'on emploie fa ♯ au lieu de sol ♭ dans la gamme chromatique ascendante.

(*) On les appelle aussi cordes diatoniques ou simplement diatoniques.

RENVERSEMENT DES INTERVALLES.

121. Quelle opération peut-on faire sur les intervalles?

— On peut les renverser.

122. Qu'est-ce que renverser un intervalle?

— C'est porter à une octave au dessus la note la plus grave de l'intervalle que l'on veut renverser. De sorte que la note grave dans l'intervalle primitif, devient la note aiguë dans le renversement.

123. Quels intervalles peut on renverser?

— Les intervalles simples seulement; parceque, dans les composés, la note grave de l'intervalle primitif, ne deviendrait plus la note aiguë du renversement. (*)

124. Qu'obtient-on en renversant les différens intervalles?

— La seconde donne une septième; la tierce, une sixte; la quarte, une quinte; l'octave, l'unisson; et réciproquement.

125. Comment peut on voir promptement ce qu'on obtient en renversant les intervalles?

— Il suffit de représenter les intervalles par des chiffres: l'unisson par 1, la seconde par 2, la tierce par 3... l'octave par 8; d'écrire sur une ligne horizontale la suite de ces chiffres; et de les placer dans un ordre inversé sur une autre ligne au dessous, de cette manière:

1, 2, 3, 4, 5, 6, 7, 8.

8, 7, 6, 5, 4, 3, 2, 1.

On voit alors que l'unisson donne l'octave pour renversement; la seconde donne la septième; la tierce, la sixte, etc.; et réciproquement.

126. Quelle observation peut-on faire sur ces chiffres?

— On voit que la somme de deux chiffres correspondans est toujours 9. Donc: si l'on connait le chiffre d'un intervalle, on obtient son renversement, en retranchant ce chiffre de 9.

127. Quelle observation peut-on faire sur le renversement des intervalles?

— On voit que plus l'intervalle primitif est petit, plus le renversement est grand; et réciproquement.

(*) Pour maintenir cette condition il faudrait élever de deux, trois, etc. octaves, la note grave, on obtiendrait alors le même résultat que dans le renversement des intervalles simples.

128. Comment peut-on connaître le chiffre des intervalles composés?

— En ajoutant au chiffre de l'intervalle simple autant de fois sept qu'il y a d'octaves, parce que d'une note quelconque à son octave, il y a toujours huit degrés, ou sept intervalles.

Soit à trouver le chiffre de l'intervalle composé:

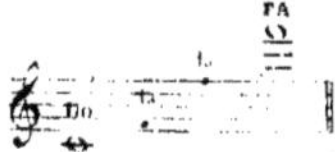

le chiffre de l'intervalle simple *do, fa*, est 4; comme de *fa* du bas à *fa* au dessus de la portée il y a deux octaves, on ajoute 14 à 4, et l'on obtient 18 pour le chiffre de l'intervalle composé.

MODIFICATIONS.

129. Les intervalles simples se présentent-ils toujours de la même manière?

— Non; ils peuvent avoir trois modifications; c'est-à-dire qu'il y a trois espèces de secondes, de tierces, etc.

130. Quelles sont ces modifications?

— 1.° Les secondes peuvent être *mineures*, *majeures* et *augmentées*. Elles produisent par leur renversement, les septièmes *majeures*, *mineures* et *diminuées*.

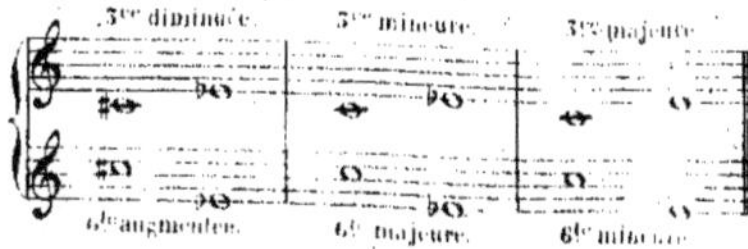

2.° Les tierces peuvent être *diminuées*, *mineures* et *majeures*. Elles produisent les sixtes *augmentées*, *majeures* et *mineures*.

3.° Les quartes peuvent être *diminuées*, *justes* et *augmentées*. Elles produisent les quintes *augmentées*, *justes* et *diminuées*.

4° Les octaves peuvent être, comme les quartes et les quintes, *diminuées*, *justes* et *augmentées*.

151. Quelle observation peut-on faire sur les quartes, les quintes et les octaves?

— Ces trois intervalles ne sont jamais ni majeurs ni mineurs.

152. Quels sont les intervalles qui ont les mêmes modifications?

— La seconde et la sixte, qui peuvent être *mineures*, *majeures* et *augmentées*. La tierce et la septième, qui peuvent être *diminuées*, *mineures* et *majeures*. La quarte, la quinte et l'octave, qui peuvent être *diminuées*, *justes* et *augmentées*.

153. Comment peut-on se rappeler facilement les intervalles qui ont les mêmes modifications?

— Il suffit d'observer qu'entre les chiffres des intervalles qui ont les mêmes modifications, il y a 4 de différence. Ainsi entre 2 et 6, 3 et 7, 4 et 8, seulement à ces deux derniers il faut encore ajouter la quinte.

154. Quelle observation peut-on faire sur les modifications des intervalles et leurs renversemens?

— On voit que les intervalles *majeurs* deviennent *mineurs* dans leurs renversemens, et réciproquement; que les *augmentés* deviennent *diminués*, et réciproquement; et que les intervalles *justes* restent *justes*.

155. Comment la neuvième est-elle quelquefois considérée?

— Comme intervalle simple. Dans ce cas elle a deux modifications seulement; elle peut être *mineure* ou *majeure*.

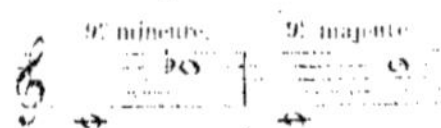

COMPOSITION DES INTERVALLES.

156. Comment mesure-t-on les intervalles?

— Par tons, demi-tons diatoniques et chromatiques.

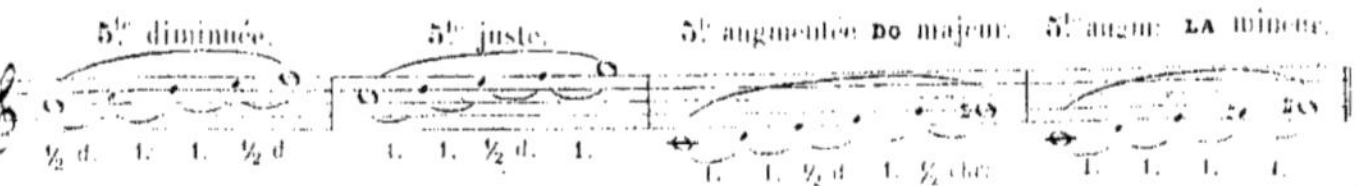

5° La *sixte mineure* est composée de trois tons et deux demi-tons diatoniques, la *sixte majeure*, de quatre tons et un demi-ton diatonique; et la *sixte augmentée*, de quatre tons, un demi-ton diatonique et un demi-ton chromatique.

157. Comment les différens intervalles sont-ils composés?

— 1° La *seconde mineure* est composée d'un demi-ton du tonique; la *seconde majeure*, d'un ton; et la *seconde augmentée*, d'un ton et d'un demi-ton chromatique.

2° La *tierce diminuée* est composée de deux demi-tons diatoniques; la *tierce mineure*, d'un ton et d'un demi-ton diatonique; et la *tierce majeure*, de deux tons.

3° La *quarte diminuée* est composée d'un ton et deux demi-tons diatoniques; la *quarte juste*, de deux tons et un demi-ton diatonique; et la *quarte augmentée*, de trois tons; c'est pourquoi cette dernière prend aussi le nom de *triton*.

4° La *quinte diminuée* est composée de deux tons et deux demi-tons diatoniques; la *quinte juste*, de trois tons et un demi-ton diatonique; et la *quinte augmentée*, de trois tons, un demi-ton diatonique et un demi-ton chromatique pour le mode majeur (150), tandis que pour le mode mineur (182), elle est composée de quatre tons puisqu'on peut l'obtenir avec deux notes diatoniques.

6° La *septième diminuée* est composée de trois tons et trois demi-tons diatoniques; la *septième mineure*, de quatre tons et deux demi-tons diatoniques; et la *septième majeure*, de cinq tons et un demi-ton diatonique.

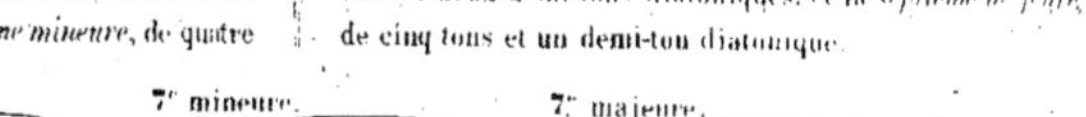

7° L'octave *diminuée* est composée de quatre tons et trois demi-tons diatoniques; l'octave *juste*, de cinq tons et deux demi-tons diatoniques; et l'octave *augmentée*, de cinq tons, deux demi-tons diatoniques et un demi-ton chromatique.

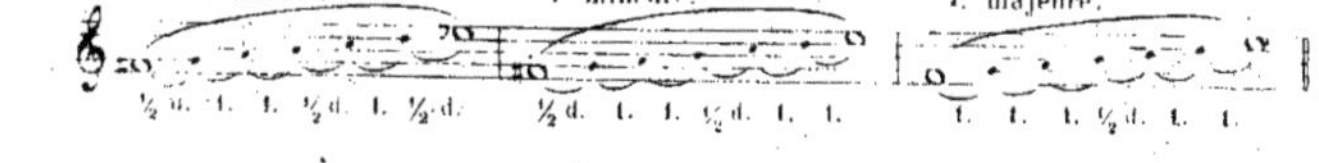

138. Quel est le moyen le plus simple de se rappeler la composition des intervalles?

— C'est de rétablir par la pensée les degrés qui peuvent se trouver entre les deux notes formant les intervalles.

139. Quel autre moyen peut-on encore employer?

— On compte tous les degrés moins un qui composent l'intervalle; du chiffre qu'on obtient, on retranche le nombre représentant les demi-tons diatoniques qui s'y trouvent; et le reste indique combien il y a de tons. Si l'on joint à ce reste, les demi-tons diatoniques qu'on a retranchés, et les demi-tons chromatiques qu'il peut renfermer, on a la composition de l'intervalle.

Soit à trouver par exemple la composition d'une tierce diminuée. *mi à sol* ♭. Une tierce a 3 degrés, et $3 - 1 = 2$. Voyant qu'il y a 2 demi-tons diatoniques; de *mi à fa*, et de *fa à sol* ♭; on retranche 2 de 2 et l'on a pour reste zéro; de sorte qu'une tierce diminuée ne contient que 2 demi-tons diatoniques.

Soit encore à trouver la composition d'une quinte juste, *do à sol*. Une quinte a 5 degrés, et $5 - 1 = 4$. Voyant qu'il y a un demi-ton diatonique entre *mi et fa*, on retranche 1 de 4, et l'on obtient 3 pour reste. De sorte qu'une quinte juste renferme 3 tons et $\frac{1}{2}$ ton diatonique.

Soit enfin à trouver la composition d'une sixte augmentée, *fa naturel à ré* ♯. Une sixte a 6 degrés, et $6 - 1 = 5$. Voyant qu'il y a un demi-ton diatonique entre *si et do*, on retranche 1 de 5, et l'on obtient 4 pour reste. De sorte qu'une sixte augmentée contient 4 tons, $\frac{1}{2}$ ton diatonique, et $\frac{1}{2}$ ton chromatique qui se trouve entre *ré naturel et ré* ♯.

140. Comment divise-t-on encore les intervalles?

— En intervalles diatoniques et chromatiques.

141. Qu'est-ce que les intervalles diatoniques?

— Ce sont ceux qui sont formés par deux diatoniques.

142. Qu'est-ce que les intervalles chromatiques?

— Ce sont ceux où il entre une ou deux chromatiques.

INTERVALLES CONSONNANS ET DISSONANS.

143. Comment divise-t-on enfin les intervalles?

— En intervalles consonnans et en intervalles dissonans, qu'on appelle aussi: les *consonnances* et les *dissonances*.

144. Qu'est-ce qui établit la différence entre ces deux classes d'intervalles?

— C'est la manière dont ils sont produits par le son générateur et ses harmoniques.

145. Qu'est-ce qu'un son générateur?

— C'est un son primitif quelconque.

146. Qu'entend-on par les harmoniques?

— On appelle ainsi les sons accessoires qui sont donnés directement par le son générateur, lorsque le corps sonore qui le produit est mis en vibrations.

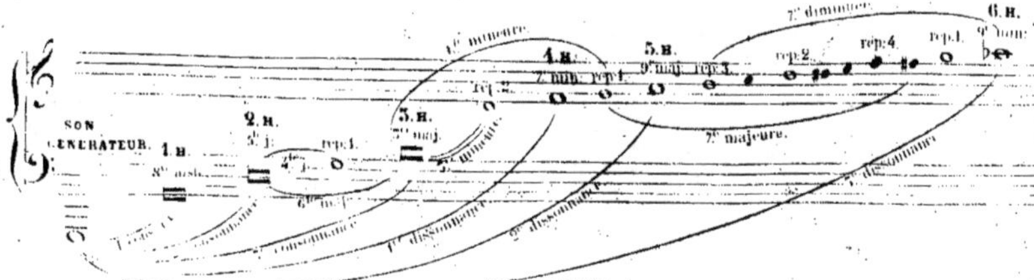

147. Cela posé, qu'est-ce que les consonnances?

— Ce sont les intervalles compris entre le son générateur et ses trois premières harmoniques, ou bien entre
les premières harmoniques.

148. Pourquoi sont-elles ainsi appelées?

— Parceque les harmoniques, qui servent à les former,
étant rapprochées du son générateur qui les produit,
s'entendent distinctement, et sonnent avec lui d'une manière agréable à l'oreille.

149. Quelles sont-elles?

— Ce sont: l'octave juste, la quinte juste, la tierce majeure, la tierce mineure, et leurs renversemens.

150. Comment divise-t-on ordinairement les consonnances?

— En parfaites et en imparfaites.

151. Quelles sont les consonnances parfaites?

— Ce sont celles qui se trouvent entre le son générateur
et ses deux premières harmoniques, c'est-à-dire: l'octave
juste, la quinte juste et son renversement, la quarte juste.

152. Quelles sont les imparfaites?

— Ce sont toutes les autres, c'est-à-dire: la tierce majeure, la tierce mineure, et leurs renversemens.

153. Comment peut-on encore diviser les consonnances?

— En fondamentales et en renversées.

154. Qu'est-ce que les consonnances fondamentales?

— Ce sont celles qui sont produites directement par le
son générateur. Il y a donc: l'octave juste, la quinte juste
et la tierce majeure. Mais, quoique n'étant pas donnée
directement par le son générateur, la tierce mineure
est aussi considérée comme consonnance fondamentale,
à cause de son analogie avec la tierce majeure.

Consonnances fondamentales.

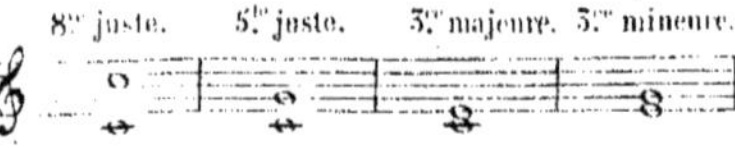

155. Qu'est-ce que les consonnances renversées?

— Ce sont les renversemens des consonnances fondamentales. Il y a donc: la quarte juste, la sixte mineure
et la sixte majeure.

156. Qu'est-ce que les dissonances?

— Ce sont les intervalles compris entre le son générateur et les autres harmoniques, ou bien entre les
dernières harmoniques.

157. Pourquoi sont-elles ainsi appelées?

— Parceque les harmoniques, qui servent à les former,
étant plus éloignées du son générateur qui les produit, s'entendent moins distinctement que les consonnances, et sonnent avec lui d'une manière moins agréable à l'oreille.

158. Quelles sont-elles?

— Ce sont: les neuvièmes, les septièmes avec leurs renversemens, la tierce diminuée et son renversement, la
quinte diminuée et la quinte augmentée avec leurs renversemens, l'octave diminuée et l'octave augmentée.

159. Comment les divise-t-on?

— En fondamentales et en renversées?

160. Qu'est-ce que les dissonances fondamentales?

— Ce sont celles qui sont produites directement par le
son générateur. Il y a donc: la septième mineure, la neuvième majeure et la neuvième mineure. puis par analogie: les autres septièmes, la tierce diminuée, la quinte
diminuée et la quinte augmentée, l'octave diminuée
et l'octave augmentée.

161. Qu'est-ce que les dissonances renversées?

— Ce sont les renversemens des dissonances fondamentales.

Il y a donc: les secondes, la sixte augmentée, la quarte
augmentée et la quarte diminuée.

Les deux sons de la 3e diminuée et de la 6e augmentée sont dissonants.

CHAPITRE VI.

DES MODES.

162. Qu'est ce que le mode?

— C'est la manière d'être d'une gamme diatonique.

163. Qu'est ce qui caractérise le mode?

— C'est la place qu'occupent les deux demi-tons diatoniques (164), qu'il faut nécessairement dans toute gamme diatonique d'une octave.

164. Pourquoi faut-il deux demi-tons dans toute gamme diatonique d'une octave?

— Pour qu'il y ait rapport juste entre les sons qui composent la gamme, et que l'on puisse trouver l'octave juste de chaque note; ce qui n'aurait pas lieu si l'on procédait par tons entiers.

165. De quel terme se sert-on encore pour désigner la manière d'être d'une gamme diatonique?

— On emploie fréquemment le mot *ton*, qui dans ce cas n'a plus l'acception que nous lui avons donnée au numéro **85.**

166. Quels sont les noms des différens degrés de la gamme diatonique, lorsqu'on a égard à la tonalité?

— Le premier degré se nomme *tonique*, parceque c'est sur ce degré qu'on établit la tonalité, ou que l'on forme la gamme.

Le second se nomme .... *sus-tonique.*

Le troisième .... *médiante.*

Le quatrième .... *sous dominante.*

Le cinquième .... *dominante.*

Le sixième .... *sus dominante.*

Le septième .... *note sensible.*

167. Quelle observation peut-on faire sur la note sensible?

— Elle est toujours à un demi-ton diatonique au-dessous du huitième degré ou de la tonique; parceque dans toutes les gammes d'une octave, ainsi que nous le verrons plus bas, le second demi-ton diatonique qui doit s'y trouver, est placé entre le septième et le huitième degré.

168. Quelles notes pourrait-on prendre pour la tonique d'une gamme?

— Toutes les notes naturelles et tous les intermédiaires; c'est à dire tous les sons contenus dans une octave.

169. Combien y a-t-il de modes?

— Deux: *le mode majeur* et *le mode mineur.*

MODE MAJEUR.

170. Dans quel cas le mode est-il majeur?

— Lorsque les deux demi-tons diatoniques se trouvent placés du troisième au quatrième degré, et du septième au huitième.

171. Quelle est la gamme modèle dans le mode majeur?

— C'est la gamme en *do naturel* qui n'a aucune altération, parceque les tons et les demi-tons occupent naturellement la place qu'ils doivent avoir.

172. Comment, dans le mode majeur, fait-on la gamme en descendant?

— De la même manière qu'en montant.

173. Quelles gammes forme-t-on en prenant pour toniques les autres notes naturelles qui viennent après le do?

— On forme successivement:

1. La gamme en *ré naturel.*

2. La gamme en *mi naturel.*

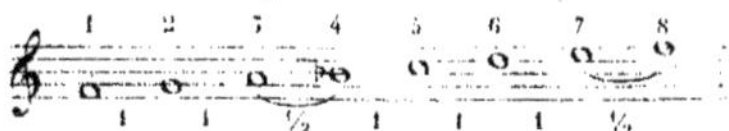

3. La gamme en *fa naturel.*

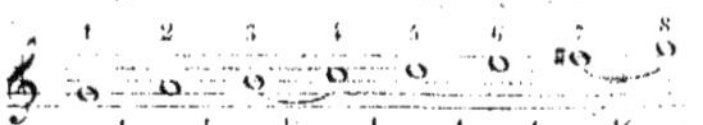

4. La gamme en *sol naturel.*

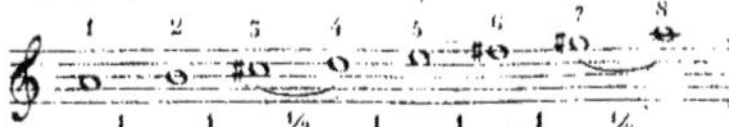

5. La gamme en *la naturel.*

6. La gamme en *si naturel.*

174. Que peut-on remarquer sur la formation de ces gammes?

— On voit que pour donner leur place aux deux demi-tons diatoniques, on est obligé, dans ces différentes gammes, d'altérer une ou plusieurs notes au moyen du dièze ou du bémol.

175. Où doit-on placer les signes d'altération?

— Au lieu de les placer immédiatement devant les notes, comme on l'a fait ci-dessus, on met au commencement de la portée et après la clef, pour éviter de les répéter, les dièzes ou les bémols qui doivent entrer dans une gamme. C'est pourquoi, en parlant d'un morceau de musique, on dit qu'il y a un, deux, trois, etc, dièzes, un, deux, trois, etc, bémols à la clef. Dans ce cas toutes les notes qui correspondent aux signes d'altération placés à la clef, doivent être altérées aussi longtemps que ces signes subsistent.

176. Quelle est la gamme qui n'a qu'un dièze à la clef?

— Celle en sol qui a *fa* dièze. Conséquemment c'est ce dièze qui doit être placé le premier à la clef?

177 Quelle est la gamme qui n'a qu'un bémol à la clef?

— Celle en fa qui a *si* bémol. Conséquemment c'est ce bémol qui doit être placé le premier à la clef.

178. Quelles gammes forme-t-on en prenant pour toniques les intermédiaires des notes naturelles?

— On forme successivement:

1º La gamme en *do* ♯, qui aura sept dièzes à la clef; et celle en *ré* ♭, qui aura cinq bémols.

2º La gamme en *ré* ♯, qui aura sept dièzes et deux doubles dièzes; et celle en *mi* ♭, qui aura trois bémols.

3º La gamme en *fa* ♯, qui aura six dièzes; et celle en *sol* ♭, qui aura six bémols.

4º La gamme en *sol* ♯, qui aura sept dièzes et un double dièze; et celle en *la* ♭, qui aura quatre bémols.

5º La gamme en *la* ♯, qui aura sept dièzes et trois doubles dièzes; et celle en *si* ♭, qui aura deux bémols à la clef.

6º La gamme en *do* ♭, qui aura sept bémols à la clef.

179. Comment appelle-t-on les gammes qui ont pour toniques des notes synonymes?

— On les appelle *gammes synonymes*.

180. Quelle observation peut-on faire sur les gammes qui doivent avoir des doubles dièzes?

— De pareilles gammes ne sont pas usitées.

181. Combien y a-t-il de gammes usitées pour le mode majeur?

— Il y en a quinze: sept ont pour toniques les notes naturelles; et huit, les intermédiaires.

DIÈZES ET BÉMOLS A LA CLEF.

182. Quelle observation peut-on faire sur la succession des dièzes et des bémols, qui entrent dans la formation de ces différentes gammes?

— On voit que la gamme qui doit avoir deux dièzes à la clef, a pour le second *do*, qui est à une quinte au-dessus du premier; que celle qui doit en avoir trois, a pour le troisième *sol*, qui est à une quinte au-dessus du second, etc;

que celle qui doit avoir deux bémols, a pour le second *re* qui est à une quinte au dessous du premier; que celle qui doit en avoir trois, a pour le troisième *la*, qui est à une quinte au dessous du second, etc.

183. D'après cela, comment doit-on placer les dièzes et les bémols à la clef?

— Les dièzes se placent par quintes en montant, et les bémols par quintes en descendant.

184. A quelle observation cette règle peut-elle donner lieu?

— On voit que lorsqu'il y a plus de deux dièzes à la clef, les autres se placent toujours un degré au-dessus de l'avant dernier; et que lorsqu'il y a plus de deux bémols, les autres se placent toujours un degré au-dessous de l'avant dernier.

En effet, pour deux quintes, il y a dix degrés, mais l'un des dix étant employé deux fois, il en reste neuf. De sorte que le neuvième qui est le dièze ou le bémol que l'on doit placer à la clef, se trouve un degré au-dessus ou au-dessous de l'octave de l'avant dernier, selon qu'on monte ou qu'on descend.

185. Que peut-on remarquer sur l'ordre dans lequel on place les dièzes et les bémols à la clef?

— On voit que les bémols sont placés dans l'ordre inverse de celui des dièzes. En effet, *si*, qui est le premier bémol, est le dernier dièze à la clef; *mi*, qui est le second bémol, est l'avant dernier dièze, etc. La raison en est que pour placer les bémols à la clef, on fait l'opération inverse de celle qu'on emploie pour les dièzes.

MODE MINEUR.

186. Dans quel cas le mode est-il mineur?

— Lorsque les deux demi-tons diatoniques se trouvent placés du second au troisième degré, et du septième au huitième.

187. Quelle est la gamme modèle dans le mode mineur?

— C'est la gamme en *la naturel*, parce qu'elle n'a aucune altération à la clef.

188. Pourquoi ne met-on pas à la clef les deux dièzes qui se trouvent dans cette gamme?

— Parcequ'ils ne se présentent pas dans la gamme descendante, et que par conséquent ils ne sont qu'accidentels.

189. Comment fait-on la gamme descendante dans le mode mineur?

— Les deux demi-tons se placent du sixième au cinquième degré, et du troisième au second.

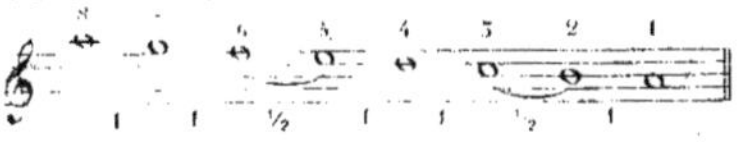

Gamme ascendante à 3 demi-tons.

191. Ces deux manières de faire la gamme ascendante dans le mode mineur sont-elles bien satisfaisantes?

— Non; car la première a l'inconvénient de détruire un des caractères distinctifs du mode, en introduisant la sixte majeure dans la gamme mineure; et la seconde, pour conserver la sixte mineure, présente une intonation défectueuse de seconde augmentée, qui a lieu du sixième degré à la note sensible.

192. Ces défectuosités sont-elles inévitables?

— Oui; à cause de la nécessité de faire entendre la note sensible, qui sert à distinguer les deux modes.

193. N'y a-t-il pas encore une autre manière de faire la gamme mineure ascendante et descendante?

— Oui; en montant jusqu'au sixième degré, d'où l'on redescend jusqu'à la note sensible. Cette troisième manière évite les défectuosités des deux autres; mais elle a le défaut de ne pas monter jusqu'à l'octave.

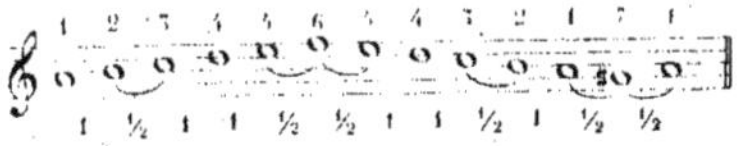

194. Quelles gammes mineures forme-t-on en prenant pour toniques les autres notes naturelles?

— On forme successivement:

1° La gamme en *la naturel*, qui a trois bémols à la clef.

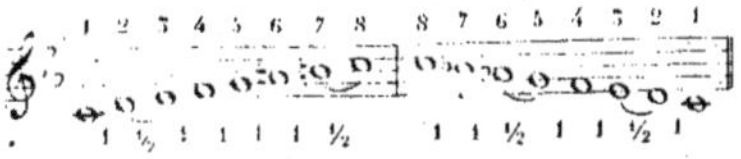

2° La gamme en *ré naturel*, qui a un bémol à la clef.

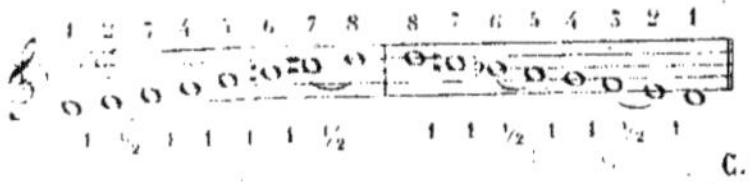

190. Les gammes du mode mineur n'ont-elles pas aussi quelquefois trois demi-tons diatoniques?

— Oui; et dans ce cas la gamme descendante peut se faire aussi de la même manière que la gamme ascendante. On place alors les trois demi-tons du second au troisième degré, du cinquième au sixième, et du septième au huitième.

Gamme descendante à 2 demi-tons.

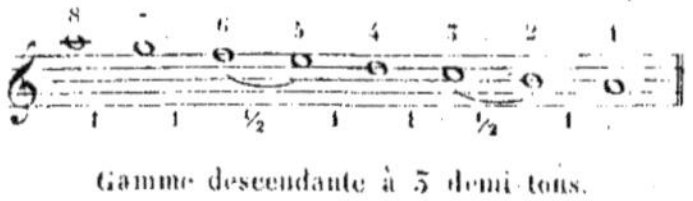

Gamme descendante à 3 demi-tons.

3° La gamme en *mi naturel*, qui a un dièze à la clef.

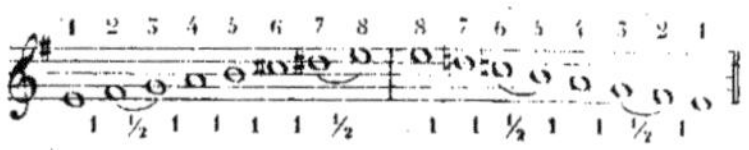

4° La gamme en *fa naturel*, qui a quatre bémols à la clef.

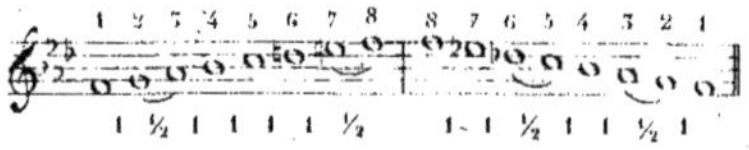

5° La gamme en *sol naturel*, qui a deux bémols à la clef.

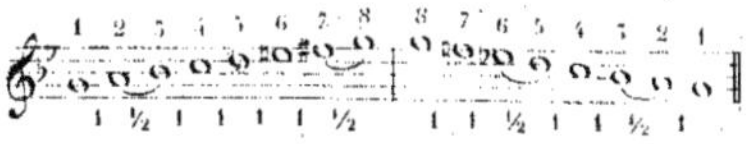

6° La gamme en *si naturel*, qui a deux dièzes à la clef.

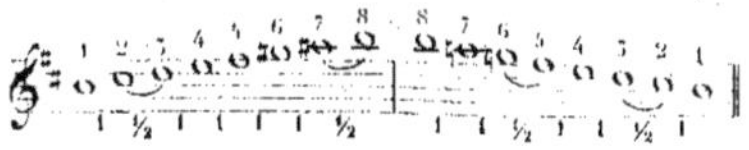

195. Quelles gammes forme-t-on en prenant pour toniques les intermédiaires des notes naturelles?

— On forme successivement:

1° La gamme en *do* #, qui a quatre dièzes à la clef; et sa synonyme *ré* ♭, qui a sept bémols et un double bémol.

2° La gamme en *ré* #, inusitée, qui a six dièzes à la clef; et sa synonyme *mi* ♭, qui a six bémols.

3° La gamme en *fa* #, qui a trois dièzes à la clef; et sa synonyme *sol* ♭, qui a sept bémols et deux doubles bémols.

4° La gamme en *sol* #, qui a cinq dièzes à la clef, et sa synonyme *la* ♭, qui a sept bémols.

5° La gamme en *la* #, inusitée, qui a sept dièzes; et sa synonyme *si* ♭, qui a cinq bémols.

196. Quelle observation peut-on faire sur les gammes qui doivent avoir des doubles bémols à la clef?

— De pareilles gammes ne sont pas usitées.

197. Combien y a-t-il de gammes usitées pour le mode mineur?

— Il y en a treize: sept ont pour toniques les notes naturelles; et six, les intermédiaires.

TONS RELATIFS.

198. Que peut-on remarquer en comparant les différens tons dans les deux modes?

— On voit que, dans les deux modes, il y a des tons qui ont le même nombre d'altérations à la clef, soit en dièses, soit en bémols.

199. Comment s'appellent les tons qui ont le même nombre d'altérations à la clef?

— Tons *relatifs*, et l'on voit dans la formation des gammes, que chaque ton majeur a son relatif mineur, et réciproquement.

200. Que peut-on remarquer, en comparant les différens tons relatifs?

— On voit:

1° que la tonique du ton mineur est toujours à une tierce mineure au-dessous de la tonique de son relatif majeur.

2° Que six notes sont communes aux deux modes dans la gamme ascendante, lorsqu'il y a trois demi-tons dans la gamme mineure, et cinq seulement, lorsqu'il n'y a que deux demi-tons; et que toutes le sont dans la gamme descendante.

3° Que la tierce et la sixte de la tonique sont majeures dans le mode majeur, et mineures dans le mode mineur; tandis que les autres intervalles sont semblables. C'est à-dire que, dans les deux modes, la seconde et la septième sont majeures; la quarte, la quinte et l'octave sont justes.

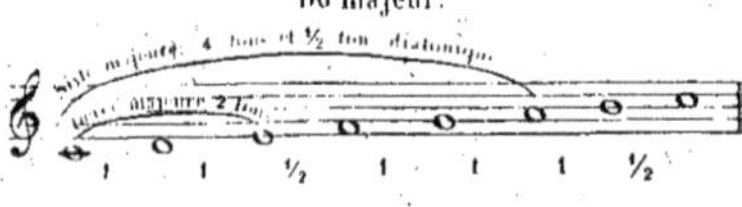

201. Comment pourrait-on encore définir les modes?

— On pourrait dire: le mode est majeur, lorsque la tierce de la tonique est majeure; et le mode est mineur, quand la tierce de la tonique est mineure.

202. Comment peut-on distinguer un ton mineur de son relatif majeur?

— Par la note sensible qui se trouve toujours, comme note diatonique, dans les premières ou les dernières mesures du morceau.

203. Pourquoi la note sensible a-t-elle la propriété de faire reconnaître les tons relatifs?

— Parcequ'elle est la seule note qui ne soit pas commune aux deux modes.

204. La note sensible du mode mineur ne peut-elle pas se trouver dans le relatif majeur?

— Oui, mais elle est alors traitée comme note chromatique.

Note sensible chromatique.

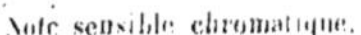

CONNAISSANCE DES TONS.

205. Comment peut-on reconnaître le ton d'un morceau majeur, lorsqu'il y a des dièzes à la clef?

— *La tonique est la note au-dessus du dernier dièze;* parceque dans la formation des gammes, on voit que ce dernier dièze est toujours à la note sensible.

206. Comment peut-on reconnaître le ton d'un morceau majeur, lorsqu'il y a des bémols à la clef?

— *La tonique est la note qui est la quinte au-dessus* du dernier bémol; parceque dans la formation des gammes, on voit que ce dernier bémol est toujours à la quinte au-dessous de la tonique.

207. Par quoi est représentée la tonique, lorsqu'il y a plusieurs bémols à la clef?

— *Par l'avant-dernier bémol;* parceque les bémols étant placés à la clef par quintes en descendant, il est évident qu'en prenant la quinte au-dessus du dernier, pour chercher le ton du morceau, on doit retourner à l'avant-dernier.

208. Pour les mineurs, comment peut-on reconnaître les tons?

— En prenant pour tonique, la tierce mineure au-dessous de celle des tons relatifs majeurs; ou, en d'autres termes, en prenant pour tonique, la note qui est au-dessous du dernier dièze, et la tierce au-dessus du dernier bémol.

209. N'y a-t-il pas encore un autre moyen de reconnaître les différens tons?

— Oui; par la dernière note du morceau, qui est presque toujours la tonique, surtout à la basse.

210. Que peut-on remarquer, d'après la formation des gammes dans les deux modes, sur les tons dont le nombre des dièzes ou des bémols augmente progressivement?

— On voit que ceux dont le nombre des dièzes augmente progressivement, se succèdent par quintes justes en montant; tandis que ceux qui ont des bémols se succèdent par quintes justes en descendant. (*)

Tons majeurs	DO.	Sol: 5te asc. de Do	Ré: 5te de Sol	La: 5te de Ré	Mi: 5te de La	Si: 5te de Mi	Fa#: 5te de Si	Do#: 5te de Fa#
Tons mineurs	LA.	Mi: 5te asc. de La	Si: 5te de Mi	Fa#: 5te de Si	Do#: 5te de Fa#	Sol#: 5te de Do#	Ré#: 5te de Sol#	La#: 5te de Ré#

Tons majeurs	DO.	Fa: 5te desc. de Do	Sib: 5te de Fa	Mib: 5te de Sib	Lab: 5te de Mib	Réb: 5te de Lab	Solb: 5te de Réb	Dob: 5te de Solb
Tons mineurs	LA.	Ré: 5te desc. de La	Sol: 5te de Ré	Do: 5te de Sol	Fa: 5te de Do	Sib: 5te de Fa	Mib: 5te de Sib	Lab: 5te de Mib

211. Que peut-on remarquer en comparant les altérations qui sont à la clef, dans les gammes de la même tonique pour les deux modes?

— On voit par exemple, que *do majeur* n'a rien à la clef, tandis que *do mineur* a trois bémols; que *sol majeur* a un dièze, tandis que *sol mineur* a deux bémols; que *ré majeur* a deux dièzes, tandis que *ré mineur* a un bémol; que *fa majeur* a un bémol, tandis que *fa mineur* en a quatre; que *la majeur* a trois dièzes, tandis que *la mineur* n'a aucune altération; que *mi majeur* a quatre dièzes, tandis que *mi mineur* n'en a qu'un, etc.

212. Quelle conséquence peut-on tirer de cette observation?

— C'est que, pour avoir les altérations du mode mineur, quand on connaît celles du mode majeur, il suffit:

1°. De mettre trois bémols pour le mineur, quand il n'y a rien à la clef pour le majeur.

2°. De mettre deux bémols, quand le majeur a un dièze; et un bémol, quand le majeur a deux dièzes.

3°. D'ajouter trois bémols, lorsque le majeur en a déjà; et

4°. De retrancher les trois derniers dièzes, quand le majeur en a trois ou d'avantage.

(*) Voyez le cadran tonal.

CHAPITRE VII

NOTES DIATONIQUES ET CHROMATIQUES.
DES GENRES.

DIATONIQUES.

213. Qu'appelle-t-on notes diatoniques?

— Celles qui forment les différens degrés d'une gamme diatonique majeure ou mineure.

214. Quelles sont par exemple les diatoniques de **DO** naturel majeur?

— Toutes les notes naturelles.

215. Quelles sont les diatoniques de **DO** # majeur?

— Toutes les notes diézées.

216. Quelles sont les diatoniques de **DO** ♭ majeur?

— Toutes les notes bémolisées.

217. Quelles sont les diatoniques de **LA** naturel mineur?

— Toutes les notes qui entrent dans la gamme ascendante ou descendante de ce ton. Ainsi *fa naturel* ou *fa* #, *sol naturel* ou *sol* #, que l'on peut introduire alternativement dans cette gamme, sont notes diatoniques.

CHROMATIQUES. (1)

218. Qu'appelle-t-on notes chromatiques?

— Celles qui se trouvent entre les notes diatoniques, et qui par conséquent ne font pas partie essentielle des gammes diatoniques majeures et mineures.

219. Quelles sont par exemple les chromatiques de **DO** naturel majeur?

— Ce sont les notes synonymes, diézées ou bémolisées, qui se trouvent entre les notes naturelles.

220. Combien y a-t-il d'espèces de chromatiques?

— Deux: les chromatiques ascendantes, et les chromatiques descendantes.

221. Qu'est-ce que les chromatiques ascendantes?

— Ce sont celles qui se trouvent à un demi-ton diatonique de la note immédiatement supérieure, et vers laquelle par conséquent elles ont tendance à monter.

222. Quelles sont par exemple les chromatiques ascendantes de **DO** naturel majeur?

— Toutes les notes diézées qui se trouvent entre les diatoniques de ce ton.

223. Qu'est-ce que les chromatiques descendantes?

— Ce sont celles qui se trouvent à un demi-ton diatonique de la note immédiatement inférieure, et vers laquelle par conséquent elles ont tendance à descendre.

224. Quelles sont par exemple les chromatiques descendantes de **DO** naturel majeur?

— Toutes les notes bémolisées qui se trouvent entre les diatoniques de ce ton.

225. Quelle observation peut-on faire sur les diatoniques et les chromatiques?

— On voit que les notes qui sont chromatiques dans un ton, peuvent être diatoniques dans un autre, et réciproquement. Ainsi par exemple, *fa* #, qui est chromatique en **DO** naturel majeur, devient diatonique en sol naturel majeur, dont il est la note sensible; et *si* ♭, qui est aussi chromatique en **DO** naturel majeur, devient diatonique en **FA** naturel majeur, dont il est la quarte juste, etc:

GENRES.

226. Qu'est-ce que le genre?

— C'est la manière d'être d'une mélodie.

227. Combien y a-t-il de genres?

— Trois: *le genre diatonique*, le *chromatique*, et l'*enharmonique*.

228. Dans quel cas le genre est-il diatonique?

— Lorsque la mélodie n'est composée que de notes diatoniques.

229. Dans quel cas le genre est-il chromatique?

— Lorsque la mélodie est composée de diatoniques et de chromatiques.

230. Dans quel cas le genre est-il enharmonique?

— Lorsque la mélodie passe d'une note à sa synonyme.

---

(1) Les anciens écrivaient les chromatiques en caractères coloriés.

251. Pourquoi est-on obligé d'employer quelquefois les notes synonymes?

— Pour avoir les chromatiques ascendantes ou descendantes, selon que cela est nécessaire. Ainsi, dans le premier exemple ci-dessus, on ne pourrait pas employer *mi*♭ au lieu de *ré*♯, parceque *mi*♭, formant avec *mi naturel* un demi ton chromatique, tendrait à descendre à *ré*, et non pas à monter à *mi*. Dans le second exemple, on ne pourrait pas employer *ré*♯ au lieu de *mi*♭; parceque *ré*♯, formant avec *ré naturel* un demi-ton chromatiques, tendrait à monter à *mi*, et non pas à descendre à *ré*.

CHAPITRE VIII.
DE LA TRANSPOSITION.

252. Qu'est ce que transposer?

— C'est écrire ou lire dans un ton ce qui est écrit dans un autre.

253. A quoi sert la transposition?

— A mettre dans un ton plus favorable pour les voix, un morceau qui serait écrit trop haut ou trop bas.

254. Que faut il faire pour écrire une mélodie dans un autre ton?

— Il faut mettre à la clef les signes d'altération qu'exige le ton dans lequel on veut transposer; et devant les notes, ceux qui arrivent accidentellement, en ayant soin de les changer convenablement, parceque ce qui est ♮ peut devenir ♯ ou ♭, et réciproquement. Puis il faut élever ou baisser chaque note d'autant de degrés que cela est nécessaire.

Soit la mélodie suivante en *do naturel majeur*, qu'on veut écrire à une quarte plus haut, c'est à dire en *fa naturel*.

on obtient, en mettant *si*♭ à la clef, et en élevant chaque note d'une quarte:

255. Quel moyen faut il employer pour lire dans un ton ce qui est écrit dans un autre?

— Il faut avoir recours aux différentes clefs. Après avoir reconnu le ton du morceau que l'on veut transposer, il faut chercher quelle clef l'on doit prendre pour que la note qui est la tonique primitive, devienne celle du ton dans lequel y veut lire.

Soit par exemple la mélodie suivante en *mi*♭ *majeur*, qu'on veut lire ou solfier en *do naturel*.

On dit: *mi*♭, qui est la tonique, doit devenir *do*. Quelle clef faut-il prendre pour cela? Celle de *do première ligne*; et on lira comme s'il y avait, sans altérations à la clef.

Soit encore, à lire en *ré naturel* cette première mélodie. On dit: *mi*♭ doit devenir *ré*; quelle clef faut il prendre pour cela? Celle de *do quatrième ligne*; et on lira comme s'il y avait, avec deux dièzes à la clef:

256. Quelle application peut-on faire de cette dernière manière de transposer?

— On peut toujours ramener à *do naturel*, les morceaux écrits dans les tons majeurs; et à *la naturel*, ceux qui sont écrits dans les tons mineurs. Ou en d'autres termes, on peut toujours faire disparaître les altérations qui sont à la clef.

CHAPITRE IX.
DES MESURES.

257. Qu'est-ce que la mesure?

— C'est la division de la durée ou du temps en parties égales, assez longues pour que l'oreille en puisse saisir et subdiviser la quantité; et assez courtes pour que l'idée de l'une ne s'efface pas avant le retour de l'autre, et qu'on en sente l'égalité.

258. Comment divise-t-on les mesures?

— En parties *égales* que l'on nomme *temps*.

259. En combien de temps peut on diviser les mesures?

— En deux, trois et quatre temps.

240. Comment indique-t-on le commencement et la fin de chaque mesure?

— Par des lignes verticales qui traversent la portée, et que l'on appelle *barres de séparation*.

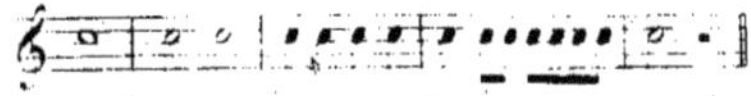

241. En combien de classes divise-t-on les mesures?

— En deux: les *mesures simples*, et les *mesures composées* ou *dérivées*.

242. Quelles sont les mesures simples?

— Celles dont les temps sont binaires.

243. Quelles sont les mesures composées?

— Celles dont les temps sont ternaires.

244. Comment indique-t-on la valeur ou la composition des différentes mesures?

— Par deux chiffres que l'on place sous la forme d'une fraction au commencement de la portée; ou bien quelquefois par certains signes particuliers.

245. Qu'indiquent ces deux chiffres dans les mesures simples?

— Le numérateur indique combien il y a de temps dans la mesure, et le dénominateur, la valeur de chaque temps.

246. Qu'indiquent-ils dans les mesures composées?

— Le numérateur indique combien il faut pour la mesure, de notes dont la valeur est indiquée par le dénominateur.

247. Quels sont les chiffres qui représentent les différentes valeurs?

1 représente la ronde, qui est l'unité.

2 ———— la blanche, qui en est la moitié.

4 ———— la noire, qui en est le quart.

8 ———— la croche, qui en est le huitième.

16 ———— la double-croche, qui en est le seizième, etc.

248. Comment chiffre-t-on les différentes mesures simples à deux temps?

— On les chiffre ainsi: $\frac{2}{1}$, $\frac{2}{2}$ ou C, $\frac{2}{4}$, $\frac{2}{8}$, selon que le temps est une ronde, une blanche, une noire ou une croche.

249. Comment chiffre-t-on les différentes mesures simples à trois temps?

— On les chiffre ainsi: $\frac{3}{1}$, $\frac{3}{2}$, $\frac{3}{4}$, $\frac{3}{8}$, selon que le temps est une ronde, une blanche, une noire ou une croche.

250. Comment chiffre-t-on les différentes mesures à quatre temps?

— On les chiffre ainsi: $\frac{4}{1}$, $\frac{4}{2}$, $\frac{4}{4}$, ou C, selon que le temps est une ronde, une blanche ou une noire.

251. Quelle observation peut-on faire sur le rapport des mesures simples et composées?

— Chaque mesure simple a sa mesure composée.

252. Comment forme-t-on les mesures composées?

— En ajoutant un point à chaque temps de la mesure simple correspondante.

253. Comment peut-on obtenir les chiffres qui doivent indiquer les différentes mesures composées?

— En multipliant par 3 le numérateur de la fraction qui indique la mesure simple correspondante, et le dénominateur par 2.

Mesures simples à 2 temps:	$\frac{2}{1}$	$\frac{2}{2}$	$\frac{2}{4}$	$\frac{2}{8}$
Mesures composées correspondantes:	$\frac{6}{2}$	$\frac{6}{4}$	$\frac{6}{8}$	$\frac{6}{16}$

Mesures simples à 3 temps:	$\frac{3}{1}$	$\frac{3}{2}$	$\frac{3}{4}$	$\frac{3}{8}$
Mesures composées correspondantes:	$\frac{9}{2}$	$\frac{9}{4}$	$\frac{9}{8}$	$\frac{9}{16}$

Mesures simples à 4 temps:	$\frac{4}{1}$	$\frac{4}{2}$	$\frac{4}{4}$	$\frac{4}{8}$
Mesures composées correspondantes:	$\frac{12}{2}$	$\frac{12}{4}$	$\frac{12}{8}$	$\frac{12}{16}$

254. Comment peut-on se rendre raison de cette règle?

— D'après les définitions: dans les mesures simples, le numérateur indique le nombre de temps, et dans les mesures composées, le nombre de notes, dont la valeur est indiquée par le dénominateur. Or, comme le temps est ternaire dans les mesures composées, il y aura dans celles-ci autant de fois trois notes qu'il y a de temps. Donc, il suffit de multiplier le numérateur des mesures simples par 3, pour avoir celui des mesures composées.

Maintenant, dans les mesures simples, le dénominateur indique la valeur de chaque temps, et dans les mesures composées, la valeur de chaque note. Or, les notes ternaires étant de la même espèce que les notes binaires, dont il faut deux pour un temps; il suffit, pour avoir la valeur d'une note dans la mesure composée, de multiplier par 2, le dénominateur de la mesure simple qui indique la valeur du temps.

255. Comment peut-on distinguer une mesure composée d'une mesure simple?

— Une mesure simple a pour numérateur de la fraction un des chiffres: 2, 3, 4; tandis qu'une mesure composée a toujours un des multiples de 3, c'est-à-dire: 6, 9, 12.

256. Comment peut on voir d'après la fraction le nombre de temps qu'il y a dans une mesure composée?

— En divisant par 3 le numérateur. Le chiffre du quotient indique le nombre de temps.

Exemple: 6÷3=2. 9÷3=3. 12÷3=4.

257. Formez un tableau qui renferme toutes les mesures simples et composées?

— On obtient:

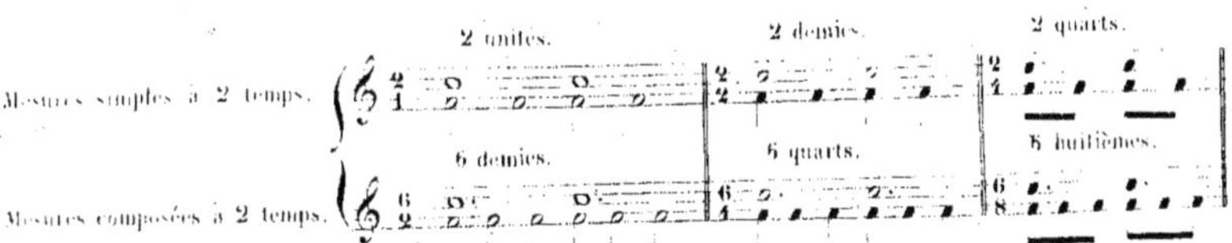

258. Quelles sont les mesures qui ne sont guères usitées?

— Ce sont celles qui ont pour fraction $\frac{5}{1}$, $\frac{4}{1}$, et leurs composées.

259. Comment nomme-t-on les différens temps d'une mesure?

— *Temps forts* et *temps faibles*.

260. Pourquoi sont-ils ainsi appelés?

— Parce que dans l'exécution, les temps forts doivent être plus marqués que les temps faibles.

261. Quels sont les temps forts?

— Le premier de toutes les mesures; et le troisième de celles à quatre temps, qui est demi-fort.

262. Quels sont les temps faibles?

— Le second des mesures à deux temps; le second et le troisième de celles à trois temps; le second et le quatrième de celles à quatre temps.

263. Combien y a-t-il de parties dans chaque temps?

— Deux: la première est forte, et la seconde est faible.

264. Qu'est ce que battre la mesure?

— C'est indiquer par un mouvement de la main les différens temps de la mesure.

265. Comment bat on la mesure à deux temps?

— Le premier temps se frappe, et le second se lève. Ainsi:

2

1

266. Comment bat on la mesure à trois temps?

— Le premier temps se frappe, le second se porte à droite, et le troisième se lève. Ainsi:

3

1.........2

267. Comment bat on la mesure à quatre temps?

— Le premier temps se frappe, le second se porte à gauche, le troisième à droite, et le quatrième se lève. Ainsi:

4

2.........3

1

CHAPITRE X.

LIAISONS. — SYNCOPES. — DÉTACHÉS.

LIAISONS.

268. Qu'est-ce qu'une liaison?

— C'est la réunion de deux ou plusieurs notes semblables ou différentes, exécutées par une seule articulation, et sur une seule syllabe.

269. Comment l'indique-t-on?

— Par une ligne courbe ⌣ que l'on place au-dessus ou au-dessous des notes.

Liaison sur la même note.

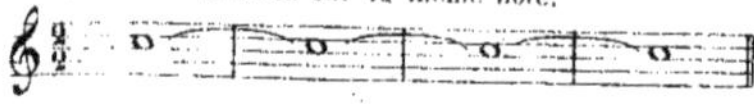

Liaison sur des notes différentes.

270. Comment appelle-t-on la liaison qui se fait sur la même note, et qui s'étend à deux ou plusieurs mesures?

— On l'appelle *tenue*.

SYNCOPES.

271. Qu'est-ce qu'une syncope?

— C'est une note coupée en deux parties par un temps, de telle sorte que la première appartient à un temps faible ou à la partie faible d'un temps, et la seconde, à un temps fort ou à la partie forte d'un temps. C'est pourquoi toute note syncopée est à contre-temps.

272. Comment l'écrit-on, lorsque la note est coupée par un temps qui appartient à la mesure suivante?

— On emploie le signe des liaisons que l'on place au-dessus ou au-dessous des deux parties de la syncope.

273. Combien y a-t-il d'espèces de syncopes?

— Deux: les *syncopes égales*, et les *syncopes brisées* ou *inégales*.

274. Qu'est-ce qu'une syncope égale?

— C'est celle dont les deux parties ont une égale valeur.

Syncopes égales coupées par le premier temps.

Syncopes égales coupées par les deux temps alternativement.

Syncopes égales coupées par chaque noire de la mesure.

275. Qu'est-ce qu'une syncope brisée?

— C'est celle dont la première partie est plus longue que la seconde.

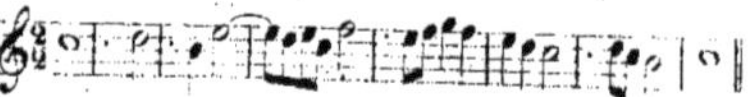

276. Comment écrivait-on autrefois les syncopes brisées?

— Avec des points; mais cette méthode a été abandonnée parce qu'elle est moins lisible que l'autre.

277. Comment faut-il exécuter les syncopes?

— Il faut appuyer sur la première partie, afin de bien marquer le contre-temps; mais il ne faut pas faire sentir l'instant de la coupure.

DÉTACHÉS.

278. Qu'appelle-t-on notes détachées, ou simplement détachés?

— On appelle ainsi des notes que l'on exécute, chacune séparément, par une articulation plus ou moins prononcée de la langue ou du gosier.

279. Comment les indique-t-on?

— Par des points ronds ou un peu allongés, que l'on place au-dessus ou au-dessous des notes; les points allongés indiquent une articulation plus prononcée que les autres. Dans les deux cas, il faut une syllabe pour chaque note.

280. Quel autre détaché y a-t-il encore?

— Le *staccato*, qu'on exécute sur une seule syllabe, par des articulations successives du gosier. On l'indique par des points et une liaison.

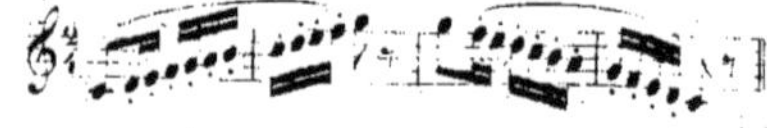

CHAPITRE XI.

DU POINT D'ORGUE.

281. Qu'est-ce que le point d'orgue?

— C'est un repos qui a lieu sur une note ou sur un silence, et qui arrête ou suspend momentanément la mesure.

282. Comment l'indique-t-on?

— Par une ligne courbe et un point que l'on place au-dessus ou au-dessous de la note ou du silence. Ainsi:

283. Combien y a-t-il d'espèces de points d'orgue?

— Trois: le *point d'orgue momentané*, le *point d'arrêt* ou *de suspension*, et le *point d'orgue final*, que les Italiens appellent la *Cadenza*.

284. Qu'est-ce que le point d'orgue momentané?

— C'est celui qui se fait sur la dominante, ou sur une autre note qui n'indique pas un repos final.

Repos à la dominante.

à la sous-dominante.   à la sus-dominante.

285. Ne peut-on pas faire successivement deux points d'orgue momentanés?

— Oui, on fait assez fréquemment deux points d'orgue momentanés: l'un sur le premier ou le second temps, et l'autre sur le second ou le troisième. C'est ce qui a lieu surtout lorsque la terminaison est féminine. (339).

286. Qu'arrive-t-il lorsqu'il y a successivement deux points d'orgue momentanés?

— On fait quelquefois entre le premier et le second, des traits qui prennent eux-mêmes le nom de points d'orgue.

287. Comment écrit-on et exécute-t-on ces traits?

— On les écrit en petites notes, et on les exécute à volonté, ordinairement sans mesure.

288. Qu'est-ce que le point d'arrêt?

— C'est le point d'orgue qui se fait sur un silence.

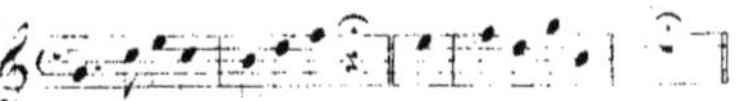

289. Qu'est-ce que le point d'orgue final?

— C'est celui qui se fait sur la dernière ou l'avant-dernière note du repos final.

290. Qu'arrive-t-il lorsque le point d'orgue final a lieu sur l'avant-dernière note?

— On fait aussi des traits, comme entre deux points d'orgue momentanés.

Point d'orgue sur la dernière note.

Point d'orgue sur l'avant dernière note.

CHAPITRE XII.

DES REPRISES. — DES RENVOIS. — DES ABRÉVIATIONS.

REPRISES.

291. Qu'est-ce qu'une reprise?

— C'est un signe formé de deux barres perpendiculaires que l'on emploie pour indiquer les différentes parties d'un morceau. Quand ce signe est accompagné de deux points, il faut exécuter deux fois la partie qui se trouve du côté des points.

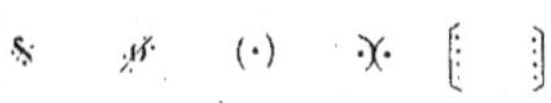

RENVOIS.

292. Qu'est-ce qu'un renvoi?

— C'est un signe qui indique qu'il faut aller à l'endroit où se trouve le pareil. Ce signe a plusieurs figures, dont voici les plus usitées. Le dernier est ordinairement accompagné du mot *bis*.

ABRÉVIATIONS.

293. Quels sont les signes d'abréviation les plus usités?

— Ce sont 2 ou C, 3, 4 ou C, pour indiquer en général les mesures simples à 2, à 3 et à 4 temps.

294. Quels sont ceux que l'on emploie pour éviter la répétition des mêmes notes ou des mêmes traits?

— On peut les voir dans les exemples suivants:

CHAPITRE XIII

DES MOUVEMENS ET DES NUANCES

MOUVEMENS.

295. Qu'est-ce que le mouvement?

— C'est le degré de lenteur ou de vitesse que l'on donne à la mesure.

296. Comment indique-t-on les différens mouvemens?

— Par des mots italiens et par le métronome.

297. Quels sont les mots italiens les plus usités?

— Ce sont:

Lento, qui signifie .... lent.
Largo .... large.
Larghetto, diminutif de largo.
Adagio .... à l'aise.
Cantabile .... commode à chanter.
Grave .... grave.
Maestoso .... majestueux.
Sostenuto .... soutenu.
Affettuoso .... affectueux.
Amoroso .... tendre.
Moderato .... modéré.
Andante .... en marchant, en allant.
Andantino, diminutif d'andante.
Grazioso .... avec grâce.
Allegro .... gai.
Allegretto, diminutif d'allegro.
Scherzo .... en badinant.
Con brio .... avec bruit.
Con fuoco .... avec feu.
Agitato .... agité.
Vivace .... vif.
Presto .... vite.
Prestissimo .... très-vite.

298. Qu'ajoute-t-on souvent aux mots précédents?

— D'autres mots qui les modifient. Ce sont:

Un poco, qui signifie .... un peu.
Molto .... beaucoup.
Assaï .... assez.
Ma non troppo .... mais pas trop.
Risoluto .... résolu.
Con spirito .... avec esprit.
Più .... plus.
Più stretto .... plus serré.
Rallentando .... en rallentissant.
Ritardando .... en retardant.
Tempo .... temps.
Tempo primo .... premier temps ou premier mouvement.
Tempo giusto .... temps précis.
ad libitum ou à piacere .... à volonté.

299. Qu'est-ce que le Métronome?

— C'est un instrument inventé par Maelzel, qui a pour objet la transmission exacte des mouvemens que les auteurs veulent faire donner à leur musique.

300. Comment indique-t-on le mouvement au moyen du métronome?

— En mettant en tête du morceau, le chiffre du métronome auquel correspond la durée d'une note, qui représente un ou plusieurs temps de la mesure.

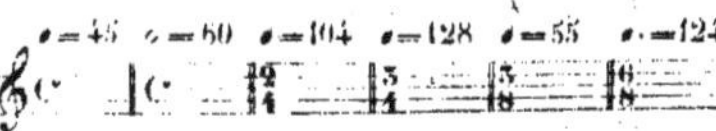

NUANCES.

501. Qu'entend-on par les nuances?

— Le degré d'intensité qu'il faut donner aux sons.

502. Comment les indique-t-on?

— Par des termes italiens et par des signes.

503. Quels sont les termes employés?

— Ce sont:

Fortissimo par abréviation *ff* qui signifie..... très-fort.
Forte............................ *f*................... fort.
Mezzo forte.................... *mf*.............. demi-fort.
Sforzando....................... *sf°*............... en forçant.
Rinforzando .... *rf°*............ en renforçant.
Mezzo voce................ *Mez: voc:* } ...... à demi-voix
Sotto voce.................. *Sot: voc:* }
Crescendo .... *cresc:*........... en augmentant.
Piano .... *p* .... faible.
Pianissimo .... *pp* .... très-faible.
Smorzando .... *Smorz:* }
Morendo .... *Mor:* } .... en mourant.
Perdendosi................... *per:*............. en perdant.
Decrescendo.............. *decresc:*........ en décroissant.
Forte-piano .... *fp*... fort et faible successivement.
Piano forte .... *pf*.. faible et fort successivement.
Dolce .... *dol:*.................... doux.
Calando........................ *cal:*.......... en diminuant.

504. Quels sont les signes usités?

— Ce sont:

   ━━▶ , qui indique qu'il faut diminuer insensiblement la force des sons à partir du commencement;

   ◀━━ qui indique qu'il faut augmenter progressivement la force des sons; et

   ◀━━▶ , qui indique la réunion successive des deux effets précédens.

CHAPITRE XIV.

DE LA MELODIE.

RELATIONS — RYTHME.

MELODIE.

505. Qu'est-ce que la mélodie?

— C'est une succession de sons combinés d'après les lois des relations, de la mesure, du rythme, des cadences et de l'harmonie.

RELATIONS.

506. Qu'est-ce que la relation? »

— C'est le rapport immédiat que les sons ont entre eux, soit qu'on les entende successivement ou simultanément.

507. Qu'arrive-t-il lorsqu'on entend plusieurs sons simultanés ou successifs?

— On les compare nécessairement les uns avec les autres; et il naît de cette comparaison une sensation agréable ou pénible pour l'oreille, selon que la relation des sons est juste ou fausse.

508. Quels sont les intervalles dont les sons se trouvent en relations justes?

— Ce sont d'abord tous les intervalles consonans (149); puis les intervalles dissonans de secondes majeures et mineures, et de septièmes majeures et mineures.

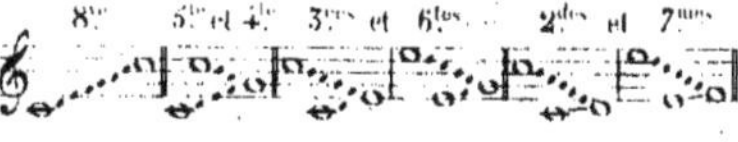

509. Quels sont les intervalles dont les sons se trouvent en relations fausses?

— Ce sont surtout les intervalles dissonans (158) d'octaves diminuées et augmentées, de tritons et de quintes diminuées.

510. Quelle observation peut-on faire sur les autres intervalles dissonans?

— Quoique moins durs que les précédens, ils ne peuvent cependant pas être classés parmi les intervalles dont les sons se trouvent en relations justes; parcequ'ils ne deviennent agréables à l'oreille, que lorsqu'on les lui présente avec de certaines précautions qui peuvent en atténuer la dureté naturelle.

511 Quels sont les élémens de la mélodie?

— Les gammes diatoniques et chromatiques des deux modes, simples et figurées; les intervalles disjoints, et toutes les formules ou dessins qui peuvent naître de la combinaison des sons.

512. Qu'est-ce qu'une gamme figurée?

— C'est celle dont chaque degré diatonique est accompagné de quelque ornement.

513 Quelles règles peut-on établir, quant aux relations, sur les sons de la mélodie?

— On peut établir les règles suivantes:

1.° Il faut procéder le plus que possible par intervalles conjoints, ou par intervalles disjoints en relations justes et d'une intonation facile.

2.° Dans une mélodie vocale d'un style rigoureux, il ne faut pas employer les intervalles de septièmes mineures ou majeures, quoiqu'en relations justes, parcequ'ils sont d'une intonation difficile.

3.° Il ne faut jamais employer les intervalles en relations fausses.

4.° Il faut éviter la répétition trop fréquente des mêmes sons et des mêmes formules, pour ne pas tomber dans la monotonie.

514. Dans quelles mesures peut-on encadrer la mélodie?

— Dans toutes, indistinctement.

RYTHME.

515. Qu'est-ce que le rythme?

— C'est le mouvement qu'on donne aux sons par l'articulation et par la valeur des notes.

516. Quelle observation peut-on faire sur le rythme?

— C'est un des plus puissans moyens de la musique. Il lui donne cette vie et ce mouvement qui nous captivent et souvent nous entraînent.

517. Comment le rythme peut-il être composé?

— De notes égales et de notes inégales.

Rythme de notes égales:

Rythme de notes inégales.

518. Quelle observation peut-on faire sur la composition du rythme?

— Le rythme de notes égales est monotone, et devient souvent ennuyeux, s'il se prolonge un peu; tandis que le rythme de notes inégales est très-varié; puisqu'il est susceptible d'un grand nombre de combinaisons.

CHAPITRE XV.

DES CADENCES. — PHRASES. — PÉRIODES.

CADENCES.

519. Qu'est-ce que les cadences?

— Les *cadences* sont à la musique, ce que la ponctuation est au discours. Elles divisent la mélodie en phrases et en périodes, par des repos plus ou moins longs, plus ou moins concluans.

520. Combien y a-t-il d'espèces de cadences?

— Deux: *les cadences momentanées,* et les *cadences finales.*

521. Qu'est-ce que les cadences momentanées?

— Ce sont celles qui font leur repos sur des accords (344) ou sur des notes où l'on ne peut rester que momentanément, parceque le sens n'est pas complet.

522. Sur quels accords les cadences momentanées font-elles leur repos?

— Sur tous les accords consonnans (349, 354) des deux modes, excepté sur celui de la tonique, précédé immédiatement de l'accord de la dominante ou de la sous-dominante, et sur quelques accords dissonans (345).

523. Sur quelles notes la mélodie peut-elle faire un repos momentané?

— Sur toutes les notes des deux modes.

524. Qu'est-ce que les cadences finales?

— Ce sont celles qui font leur repos sur des accords ou sur des notes où l'on peut terminer, parce que le sens est complet.

525. Comment les appelle-t-on encore?

— *Cadences parfaites.*

526. Sur quel accord la cadence finale fait-elle son repos?

— Sur l'accord de la tonique, précédé immédiatement de l'accord de la dominante ou de la sous-dominante.

527. Comment l'appelle-t-on dans ce dernier cas?

— *Cadence plagale.*

528. Sur quelles notes la mélodie peut-elle faire un repos final?

— On peut le voir dans les exemples suivans:

Cadences parfaites.

Cadences plagales.

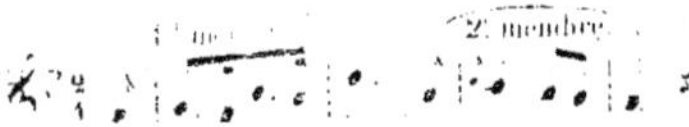

PHRASES.

529. Qu'est-ce qu'une phrase?

— C'est une suite de sons formant un sens plus ou moins complet, et se terminant par une cadence momentanée ou finale.

530. Comment la phrase est-elle composée?

— Ordinairement de plusieurs mesures; et quelquefois de plusieurs membres divisés par de petits repos momentanés.

531. Combien de mesures peut-il y avoir dans la composition d'une phrase?

— Deux, quatre, six ou huit, et quelquefois trois ou cinq.

Phrases de 2 mesures d'un seul membre.

Phrase de 4 mesures et de deux membres.

Phrase de 6 mesures d'un seul membre.

Phrase de 8 mesures et de 4 membres.

Phrase de 5 mesures et d'un seul membre.

Phrases de 5 mesures et d'un seul membre.

532. Quelles sont les phrases les plus usitées?

— Ce sont celles dont le nombre des mesures est pair, et surtout celles de deux ou de quatre mesures.

533. Sur quels temps la phrase peut-elle commencer?

— Sur tous les temps.

534. Quand elle commence sur le dernier temps d'une mesure, comment appelle-t-on la note ou les notes qui se trouvent sur ce temps?

— *Un en levant.*

535. Sur quels temps la phrase peut-elle faire sa terminaison?

— Sur tous les temps.

536. Combien y a-t-il d'espèces de terminaisons?

— Deux: les terminaisons masculines, et les terminaisons féminines.

537. Quelles sont les phrases dont la terminaison est masculine?

— Ce sont celles qui se terminent sur un temps fort, et particulièrement sur le premier.

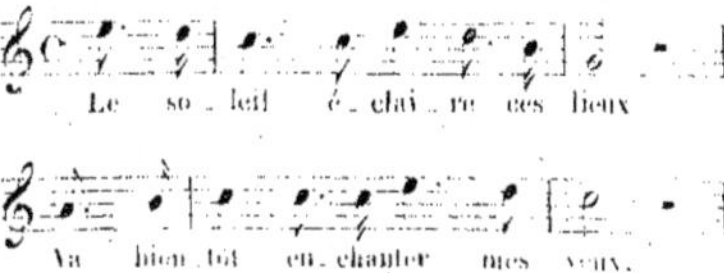

538. Pourquoi sont-elles ainsi appelées?

— Parce qu'on peut y adapter un vers masculin.

339. Quelles sont les phrases dont la terminaison est féminine?

— Ce sont celles qui se terminent sur un temps faible, ou sur la partie faible d'un temps.

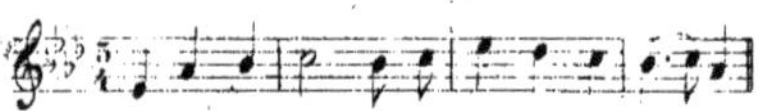

340. Pourquoi sont-elles ainsi appelées?

— Parcequ'on peut y adapter un vers féminin.

PÉRIODES.

341. Qu'est-ce qu'une période?

— C'est une suite de phrases formant un sens complet, et se terminant toujours par une cadence parfaite.

342. Quelles règles peut-on établir pour la constitution d'une bonne période?

— On peut établir les règles suivantes:

1° Il est bien, pour la symétrie, que chaque phrase ait une phrase correspondante.

2° Il faut que la phrase correspondante, ait le même nombre de mesures que celle dont elle fait le pendant.

3° Il est bon que les phrases correspondantes aient le même rythme; c'est-à-dire qu'elles soient composées de notes ayant à peu près une valeur semblable, afin qu'il y ait aussi symétrie dans le mouvement.

4° Il est bon de varier les terminaisons, et d'entrelacer les phrases; et

5° S'il est possible, on fera bien de finir par une terminaison masculine, qui est plus concluante que la terminaison féminine.

CHAPITRE XVI.

DE L'HARMONIE.

343. Qu'est-ce que l'harmonie?

— C'est la science des accords.

344. Qu'est-ce qu'un accord?

— C'est la réunion de plusieurs sons simultanés.

345. Comment appelle-t-on les notes qui entrent dans la composition d'un accord?

— *Membres* de l'accord.

346. Combien peut-il y avoir de membres dans un accord?

— Trois, quatre ou cinq.

347. Quelle observation y a-t-il à faire sur les membres des accords?

— Lorsqu'un ou plusieurs sont répétés à l'octave, ils n'augmentent pas le nombre des membres qui composent l'accord.

348. Comment divise-t-on les accords?

— En accords consonnans et dissonans; en accords diatoniques et chromatiques; et en accords fondamentaux et renversés.

349. Qu'est-ce qu'un accord consonnant?

— C'est celui qui n'est composé que d'intervalles consonnans.

350. Comment compte-t-on les intervalles d'un accord?

— En comparant les différens membres de l'accord à la note inférieure.

Accords consonnans.

351. Quels sont les accords consonnans?

— Ce sont les accords parfaits majeurs et mineurs, et leurs renversemens.

352. De quoi sont-ils composés?

— L'accord parfait majeur est composé d'une tierce majeure et d'une quinte juste; et l'accord parfait mineur, d'une tierce mineure et d'une quinte juste.

553. Qu'est-ce qu'un accord dissonant?
— C'est celui qui renferme un ou deux intervalles dissonans.

554. Qu'est-ce qu'un accord diatonique?
— C'est celui qui ne renferme que des notes diatoniques.

555. Qu'est-ce qu'un accord chromatique?
— C'est celui où il entre une ou plusieurs chromatiques.

556. Qu'est-ce qu'un accord fondamental?
— C'est celui dont les membres se présentent en progression de tierces.

557. Qu'est-ce qu'un accord renversé?
— C'est celui dont les membres ne sont pas en progression de tierces.

558. Quelle est la note fondamentale des accords?
— C'est la note la plus grave des accords fondamentaux.

559. Comment trouve-t-on la note fondamentale des accords renversés?
— En rétablissant par la pensée les accords fondamentaux.

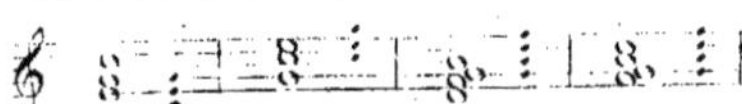

Dans cet exemple, le DO est la note fondamentale des deux premiers accords; et le SOL, celle des deux derniers. En effet, ce n'est que sur ces deux notes que les membres des accords se présentent en progression de tierces.

560. Combien les accords peuvent-ils avoir de renversemens?
1° Les accords de trois membres ont deux renversemens.

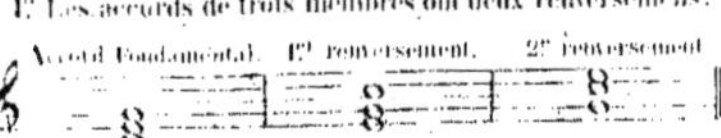

2° Les accords de quatre membres ont trois renversemens.

3° Les accords de cinq membres, dans lesquels il y a toujours une neuvième, n'ont également que trois renversemens, parceque la neuvième excédant l'octave ne peut pas se renverser ni se mettre à la partie grave des accords

Il faut même que dans les trois renversemens, elle soit toujours à la distance d'une neuvième de la note fondamentale.

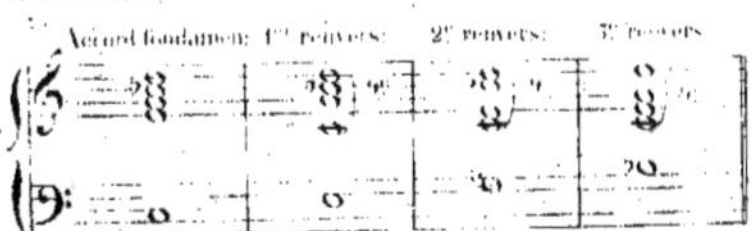

561. Quelle est la note grave des différens renversemens?
— Le premier a pour note grave, la tierce de la note fondamentale; le second a la quinte; et le troisième, la septième.

562. Comment peut-on reconnaître les dissonances dans les accords renversés?
— Elles sont toujours les mêmes que celles des accords fondamentaux.

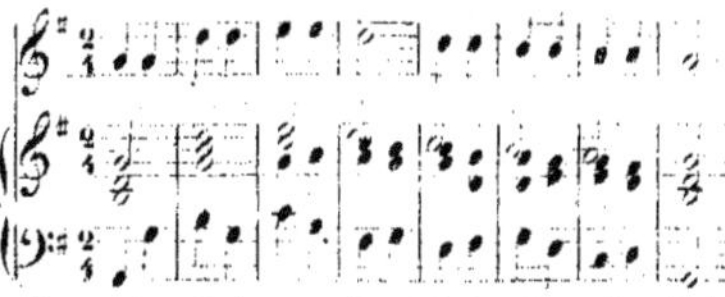

Dans cet exemple, le DO étant la dissonance de l'accord fondamental, puisqu'il est la septième, est aussi la dissonance des renversemens.

CHAPITRE XLII.
PARTIES DU DISCOURS MUSICAL.

NOTES ESSENTIELLES ET NOTES ARTIFICIELLES DE LA MÉLODIE.

563. Qu'appelle-t-on notes essentielles?
— Les notes de la mélodie qui ne peuvent pas en être retranchées, parcequ'elles en forment la base. Elles font toujours partie intégrante des accords.

Dans cet exemple, on voit que toutes les notes de la mélodie font partie intégrante des accords, et que l'on ne peut en supprimer aucune; elles sont donc notes essentielles.

564. Sur quels temps peut-on placer les notes essentielles?
— Sur tous les temps. C'est ce qui les distingue encore des autres notes.

565. Qu'appelle-t-on notes artificielles?
— Les notes qui ne sont pas absolument nécessaires à la mélodie, et qui n'y sont introduites que pour lui donner plus de grâce et plus de variété. Elles ne font point partie intégrante des accords.

566. Quelles sont les notes artificielles de la mélodie?

— Ce sont:

1° les notes de passage, ou les dissonances passagères;

2° les dissonances de retour;

3° les appoggiatures;

4° les anticipations;

5° les ports de voix; et

6° les trilles ou cadences.

1. NOTES DE PASSAGE.

567. Qu'est-ce qu'une note de passage?

— C'est une dissonance que l'on place entre deux notes essentielles, qui sont à une tierce majeure ou mineure l'une de l'autre.

568. Combien y a-t-il d'espèces de notes de passage?

— Deux: les diatoniques et les chromatiques.

569. Quelles sont les notes de passage diatoniques?

— Ce sont les diatoniques qui se trouvent entre les notes essentielles.

570. Quelles sont les notes de passage chromatiques?

— Ce sont les chromatiques qui se trouvent entre les notes essentielles.

571. Sur quels temps place-t-on les notes de passage?

— Sur les temps faibles, ou sur la partie faible des temps.

572. Quelle valeur doivent-elles avoir?

— Elle peut être la même ou plus petite que celle des notes essentielles entre lesquelles elles se trouvent placées; mais jamais elle ne doit être plus grande.

Notes de passage chromatiques.

2. DISSONANCES DE RETOUR.

573. Qu'est-ce qu'une dissonance de retour?

— C'est celle qui retourne à la note essentielle d'où elle vient.

574. Sur quels temps la place-t-on?

— Sur les temps faibles, ou sur la partie faible des temps.

575. Quelle valeur lui donne-t-on?

— Celle qu'on donne aux notes de passage.

576. Combien y a-t-il d'espèces de dissonances de retour?

— Deux: les inférieures et les supérieures.

577. A quel intervalle la dissonance de retour inférieure peut-elle être de la note essentielle?

— A une seconde mineure ou majeure.

Dissonances à un demi-ton.   Dissonances diatoniques.

578. Quelle observation peut-on faire sur les dissonances de retour inférieures?

— Les anciens compositeurs, qui n'employaient que rarement les chromatiques, pratiquaient les dissonances de retour inférieures en notes diatoniques; tandis que les compositeurs modernes les emploient de préférence à une seconde mineure, parce qu'elles font pressentir davantage le retour de la note essentielle.

579. A quel intervalle la dissonance de retour supérieure peut-elle être de la note essentielle?

— Cette dissonance étant toujours la note diatonique au dessus, peut être à une seconde mineure ou majeure de la note essentielle.

3. APPOGGIATURES.

580. D'où vient le mot appoggiature?

— Du verbe Italien *appoggiare*, qui signifie *appuyer*.

581. Qu'est-ce qu'une appoggiature?

— C'est un ornement mélodique, formé d'une ou plusieurs notes dissonantes, qu'on adapte aux notes essentielles; on appuie sur cet ornement, afin de le bien lier à la note qu'il précède, et avec laquelle il ne doit former qu'une syllabe.

582. Quel nom donne-t-on encore aux appoggiatures?

— On les appelle aussi *notes d'agrément*.

583. Sur quels temps les place-t-on?

— Sur les temps forts, ou sur la partie forte des temps.

584. Comment les écrit-on?

— Les anciens compositeurs les écrivaient en petites notes, parcequ'elles sont dissonantes; mais les modernes les écrivent souvent en notes ordinaires, pour qu'on ne les supprime pas, et qu'on les exécute comme ils le désirent.

585. Quelle valeur doit-on donner à l'appoggiature écrite en petites notes?

— Celle que représente la petite note, ou le groupe dont l'appoggiature est formée. Mais comme cet ornement ne compte pas dans la mesure, il faut ôter à la note essentielle autant de valeur qu'on en donne à l'appoggiature.

586. Que met-on quelquefois dans l'appoggiature d'une seule note?

— Une petite ligne (♪) qui indique qu'il faut la briser, et ne lui donner qu'une très-courte valeur.

587. Comment faut-il exécuter les appoggiatures en solfiant?

— Il faut nommer la note essentielle, et prendre l'intonation de la note ou des notes de l'appoggiature.

588. Combien y a-t-il d'espèces d'appoggiatures?

— Deux: l'appoggiature simple et l'appoggiature double.

589. Qu'est-ce que l'appoggiature simple?

— C'est celle qui n'a qu'une note.

590. Comment peut-on la diviser?

— En appoggiature inférieure ou supérieure, selon qu'elle est au-dessous ou au-dessus de la note essentielle.

591. A quel intervalle l'appoggiature inférieure doit-elle être de la note essentielle?

— Toujours à une seconde mineure.

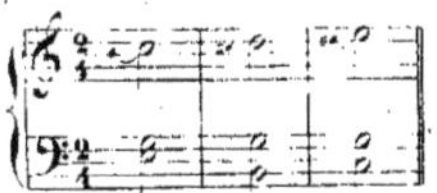

592. A quel intervalle l'appoggiature supérieure peut-elle être de la note essentielle?

— A une seconde mineure ou majeure, parcequ'elle est toujours la note diatonique au-dessus.

593. L'appoggiature simple ne s'adapte-t-elle pas aussi aux notes de passage?

— Oui, mais bien plus rarement qu'aux notes essentielles.

Notes essentielles....... mi...do,....fa....ré...sol.. mi

Notes de passage............. ré........... mi........ fa

594. Qu'est-ce que l'appoggiature double?

— C'est celle qui réunit les deux appoggiatures simples, ou qui est formée par un groupe de plusieurs notes.

595. Comment l'appelle-t-on encore?

— *Brisé* ou *gruppetto*.

596. Que peut-on mettre entre les deux appoggiatures simples?

— La note essentielle.

597. Où place-t-on quelquefois les groupes qui forment l'appoggiature double?

— Après la note essentielle; mais dans ce cas ils sont composés de dissonances de retour, parce qu'ils se trouvent sur la partie faible du temps, au lieu d'être sur la partie forte. Il faut alors les lier à la note essentielle qui précède.

598. Comment peut-on écrire l'appoggiature double, lorsqu'elle renferme la note essentielle, et qu'elle est placée après cette note?

— On peut l'écrire par abréviation, ainsi:

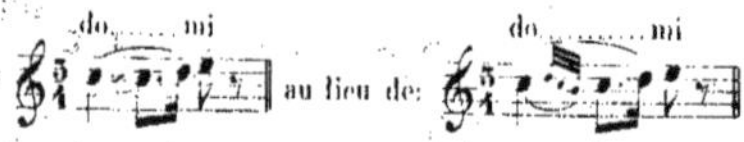

599. Comment fait-on l'appoggiature double qui descend à une note essentielle?

— Avec la dissonance supérieure seulement, et on peut l'indiquer par l'abréviation précédente.

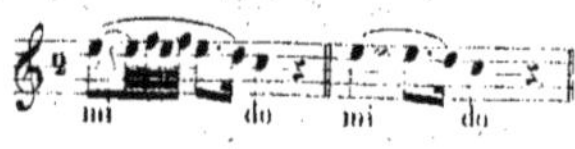

4. ANTICIPATIONS.

400. Qu'est-ce qu'une anticipation?

— C'est un artifice mélodique, employé pour passer d'une note à une autre, et qui consiste à prendre avant son temps, soit la seconde note, soit une note de son accord.

401. Sur quels temps la place-t-on?

— Sur les temps faibles, ou sur la partie faible des temps.

402. Comment l'écrit-on?

— En notes ordinaires, et quelquefois en petites notes.

403. Quelles sont les notes susceptibles d'anticipations?

— Les notes essentielles et les dissonances de passage.

404. Combien y a-t-il d'espèces d'anticipations?

— Deux: l'anticipation directe, et l'anticipation indirecte.

405. Qu'est-ce que l'anticipation directe?

— C'est celle qui prend la seconde note avant son temps.

Notes essentielles.   Anticipations.

DO, MI, notes essentielles; RÉ FA, notes de passage.

Anticipations.

Accompagnement.

406. Qu'est ce que l'anticipation indirecte?

— C'est celle qui prend de l'accord de la seconde, une note qui n'est pas celle de la mélodie simple.

Notes essentielles.

Anticipations indirectes.

Accompagnement.

Notes essentielles et notes de passage.

Anticipations.

Accompagnement.

407. Que peut-on adapter à l'anticipation indirecte qui descend à la seconde note?

— L'appoggiature supérieure.

Notes essentielles: Anticipation.

5. PORTS DE VOIX.

408. Qu'est-ce qu'un port de voix?

— C'est un ornement de la mélodie, qui diffère de l'appoggiature, en ce qu'il doit être à un intervalle disjoint de la note essentielle avec laquelle il se lie, et qu'il fait toujours partie intégrante des accords. (*)

409. Sur quels temps le place-t-on?

— Sur les temps forts, ou sur la partie forte des temps.

410. Comment l'écrit-on?

— En petites notes ou en caractères ordinaires.

411. Combien y a-t-il d'espèces de ports de voix?

— Deux: le port de voix préparé, et le port de voix non-préparé. Ils sont l'un et l'autre supérieurs ou inférieurs, selon qu'ils sont placés au-dessus ou au-dessous de la note essentielle.

412. Dans quel cas le port de voix est-il préparé?

— Lorsque la note qui fait le port de voix se trouve déjà sur le temps précédent, comme note essentielle.

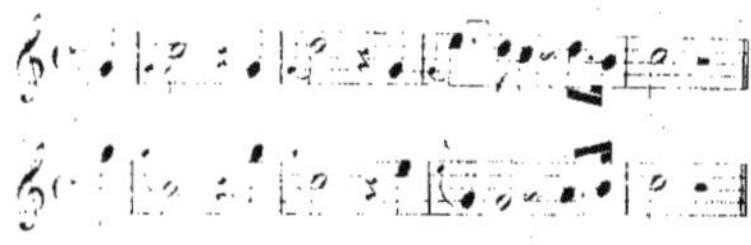

413. Dans quel cas le port de voix est-il non-préparé?

— Lorsque la note qui fait le port de voix n'est pas au temps précédent.

421. A quelles notes le trille peut-il s'adapter?

— Aux notes essentielles et aux dissonances passagères.

422. N'y a-t-il pas encore d'autres ornemens mélodiques?

— Oui; il y en a quelques autres qui n'ont pas de nom

(*) Les Italiens donnent le nom de *portamento* à l'anticipation et au port de voix.

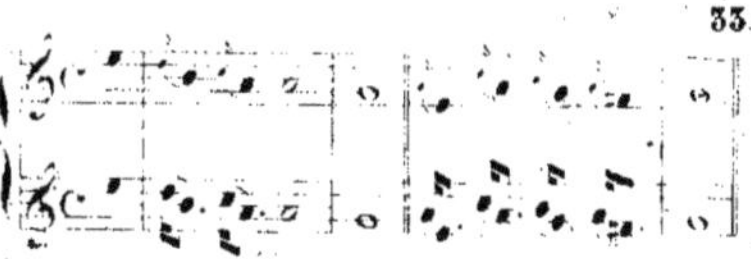

6. TRILLES OU CADENCES.

414. Qu'est-ce qu'un trille?

— C'est un ornement mélodique composé d'une note essentielle et de son appoggiature supérieure, qui consiste à passer d'une note à l'autre avec plus ou moins de rapidité. Dans le trille, l'appoggiature doit toujours être sur la partie forte.

415. Comment l'appelle-t-on encore?

— On l'appelle aussi *cadence*, parce qu'on l'emploie souvent au moment où la phrase fait une cadence parfaite.

416. Comment l'indique-t-on?

— Par les deux lettres *tr*; que l'on met au-dessus de la note essentielle.

417. Comment le solfie-t-on?

— En nommant seulement la note essentielle.

418. Par quelle note faut-il commencer ou préparer le trille?

— Par l'appoggiature supérieure, ou par la note essentielle, ou par l'appoggiature inférieure.

419. Comment écrit-on la préparation?

— En petites notes.

420. Comment faut-il terminer le trille?

— On peut le terminer comme dans les exemples suivans:

particulier, et qui rentrent plus ou moins dans les différentes classes que nous venons d'examiner. La lecture des bons auteurs les fera suffisamment connaître.

Mon frère Charles KUHN, Pasteur évangélique dans le pays de Mont béliard departement du Doubs a bien voulu me prêter son concours en se chargeant de réaliser cette nouvelle édition de mes théories.

Ingram Content Group UK Ltd.
Milton Keynes UK
UKHW022000300623
424377UK00008B/796